Ernst Stürmer

Atme dich gesund!

Alle Ratschläge und Hinweise in diesem Buch wurden von Fachleuten sorgfältig erwogen und geprüft, doch kann keine Garantie oder Haftung für Auswirkungen und Folgeerscheinungen jeglicher Art übernommen werden. Bitte suchen Sie bei schwerwiegenden gesundheitlichen Problemen unbedingt Ihren Arzt oder Heilpraktiker auf, denn alle Therapievorschläge haben nur Beispielcharakter und müssen vom behandelnden Arzt an die jeweilige individuelle Situation angepaßt werden.

Ernst Stürmer

Atme dich gesund!

80 Methoden der richtigen Atmung und ihrer Anwendung bei verschiedenen Beschwerden

mvg

Die Deutsche Bibliothek – CIP-Einheitsaufnahme

Stürmer, Ernst:
Atme dich gesund! : 80 Methoden der richtigen Atmung und ihre Anwendung bei verschiedenen Beschwerden / Ernst Stürmer. [Abb.: Helene Mayer]. – Landsberg am Lech : mvg-verl., 1998
(mvg-Paperbacks ; 08582)
ISBN 3-478-08582-9

Producer: Bildbuch Verlag, Wien
Umschlaggestaltung: Grafikhaus, München
Abbildungen: Helene Mayer. Die Taiji-Illustrationen stammen aus der offiziellen Broschüre „Simplified Taijiquan“, China Sports Series 1, Verlag China Sports Editorial Board, Peking
Satz: GDV, Wien
Druck- und Bindearbeiten: Ebner Ulm
Printed in Germany 080 582/798502
ISBN 3-478-08582-9

Inhalt

Außer Atem
Zum Thema

„Wenn ich in meiner Ordination meinen Patienten Vorträge halte über den Wert der Erlernung richtiger Atemtechnik", klagte Dr. Alois Thaler, ein erfahrener Kurarzt, vor einem halben Jahrhundert, „so wird mir nicht selten geantwortet: Lassen wir dies, Herr Doktor, ich kann doch das Versäumte nie mehr aufholen, ich kann doch meinen dicken Bauch, meine Verdauungsstörungen, meine Kurzatmigkeit, meine Herzbeschwerden nicht wegatmen, nur chemische Mittel können mir helfen..."

Was hat sich seither geändert? Der Glaube an die Wunderkraft der chemischen Mittel ist inzwischen geschrumpft, aber die allgemeine Bekehrung zur Atemtherapie steht noch aus.

Dennoch: Atmen hilft.

Richtiges Atmen war, ist und bleibt das einfachste und billigste Heilmittel. Es hilft bei 1001 Beschwerden, stärkt die Organfunktionen und steigert die Nerven- und Lebenskraft.

Das aufzuzeigen ist Sinn und Zweck des Buches.

Wir leben in einer „atemberaubenden" Zeit und Gesellschaft. Uns stockt der Atem, uns bleibt die Luft weg, uns geht die Puste aus. Wir schnappen nach Luft, wir können nicht mehr durchatmen, wir sind außer Atem. Wir drohen in unseren Schwierigkeiten zu „ersticken" und ersehnen eine Verschnaufpause. Derlei Redewendungen bekunden die „Atemnot" des Gegenwartsmenschen.

Nach fundierten Schätzungen atmen in unserer Industriezivilisation 90 (!) von 100 Zeitgenossen ungenügend oder falsch. Das heißt, sie atmen oberflächlich, schwach, kurz, unregelmäßig, sprunghaft, hastig, stoßweise, gehemmt, eckig, starr, gepreßt und hart. Die verhängnisvollen Folgen lassen nicht auf sich warten. Der atemgestörte Mensch untergräbt seine Gesundheit auf allen Linien.

„Wohl und Wehe des Leibes ist Wirkung des Atems“, proklamierte schon der Vater der modernen abendländischen Atemkunde, der deutsche Arzt Dr. Johannes Ludwig Schmitt.
Würden unsere Ärzte auch zu Atemlehrern ausgebildet, zahlreiche katastrophale und schleichende gesundheitliche Störungen, z. B. der Kreislauforgane oder der Verdauungsorgane sowie Fehlschaltungen des vegetativen Nervensystems, könnten eingedämmt werden.
Wir haben leider verlernt, richtig – also natürlich – zu atmen. Wenn wir so atmen, wie die Natur es beabsichtigt, atmen wir tief, voll, lang, stetig, rhythmisch, ruhig, langsam, fließend, rund, leicht, fein, sanft und weich. Der gesunde Naturatem ist zugleich geschmeidig: Er paßt sich in Länge, Tiefe und Stärke reflektorisch jeweils dem Zustand des Körpers und des Gemüts an.
Warum steckt die Atmung des modernen Menschen im allgemeinen aber in einer Zwangsjacke? Was hemmt und hindert die instinktive Atmung?
Drei Wurzeln nähren unsere Fehlatmung:

1. Die Zwänge des modernen Lebens
Spätestens im Schulalter wird die Fehlatmung grundgelegt durch aufgezwungenen Bewegungsmangel, durch erzieherische Eingrenzungen und Einengungen, Disziplinierung, Drill und Dressur (Bauch rein, Brust raus!), Unterdrückung der Spontaneität, Überspannung durch forcierten Wettbewerb, Manipulation durch Angsteinflößung usw.
Im Erwachsenenalter wird die Einverleibung des anerzogenen Fehlatmens fortgesetzt: Krampfhafte Zeitnutzung, starre Zielstrebigkeit, Leistungsdruck, Konkurrenzdenken, Ehrgeiz, Besitzgier, Erfolgsjagd mit fliegendem Puls, Rekordsucht, Fortschrittsdrang, eingewurzelte Überaktivität, Unrast und Geschäftigkeit selbst nach getaner Arbeit, Reizüberflutung usw. peitschen den Atem bis zur Erschöpfung und Erschlaffung an.

Dauerstreß, Frustration, chronische Bedrückungen und Belastungen lähmen den Atem.
Tausend Ängste würgen den Atem ab.
Wir haben die Nase voll. Wir reagieren verschnupft. Wir möchten uns Luft machen. Wir möchten darauf pfeifen (= uns durch tiefe, scharfe, heftige Ausatmung entladen: Dampf ablassen).
Doch wir haben gelernt, uns zurückzuhalten.
Könnten wir unseren Gefühlen Luft verschaffen – durch unkontrolliertes Weinen, Schreien, Seufzen, Lachen beispielsweise – unser Atemreflex bliebe intakt. Die gesellschaftlichen Spielregeln und sozialen Strukturen unserer Zivilisation verlangen indes Beherrschung. Sie erlauben normalerweise keine Gefühlsexplosion. Blockierte Gefühle aber erzeugen eine blockierte Atmung.
Wenn die Fesselung der Gefühle prolongiert wird, gehen uns die Atemabnormitäten allmählich in Fleisch und Blut über. Sie werden „habituell", das heißt zur eingefahrenen Gewohnheit. Wir behalten die Atemhemmungen bei, selbst wenn sich die auslösenden Störungen und Gefühlsverwirrungen inzwischen verflüchtigt haben.
Beispiele: Wenn wir Wut im Bauch haben – Groll, Haß, Aggressionsgefühle –, können wir die Emotion herauslassen (wir zahlen alles heim, Aug' um Aug', Zahn um Zahn) oder die Emotion annehmen (wir vergeben). Wenn wir jedoch die Wut stauen, und, die Zähne zusammenbeißend, Zorn und Ärger laufend unterdrücken, bahnt sich eine handfeste Depression an – mit ihrem charakteristischen Atemmuster, nämlich der kurzen und schwachen Einatmung. Darum tanken sich die unbekehrbar Traurigen energetisch nie auf.
Das Atemmuster der von Furcht, Angst, Sorge und Unsicherheit gepeinigten Menschen ist hingegen die flache Ausatmung. Die ewig Schreckhaften und Schüchternen halten die Luft zurück. Darum entgiften sie sich fast gar nicht.

2. Die krankmachende Umwelt

Neben der naturwidrigen Lebensweise in unserer schnelllebigen Zeit ist es die damit zusammenhängende Umweltzerstörung, die unsere Atmung belastet. Die vor sich hin kränkelnde Umwelt schlägt zurück. Sie macht uns krank. Greifen wir den Lärm und die Luftverschmutzung heraus.

Der Lärm nötigt uns eine Krampfatmung auf.

Die Luftverschmutzung schnürt die Atmung ein.

Es versteht sich von selbst, daß die Qualität der Atemluft die Atmung entweder fördert – auf den Bergen, im Wald oder am Meer beispielsweise – oder drosselt: in den Städten und Industrieregionen mit ihrem Smog und Staub, ihren Giften und Schadstoffen, ihren Autoabgasen und ihren herumschwirrenden, die Atemwege reizenden Chemikalien. Die Luftverpestung – inklusive jene durch den „blauen Dunst“ (Zigarettenqualm) – reduziert also unsere Atmung.

Zudem bedroht das Sterben der Wälder und Meere, der Hauptlieferanten unseres Sauerstoffs, die Atmung.

Neuerdings ist es der aggressive Luftschadstoff Ozon, der Schlagzeilen macht und die Gemüter erhitzt – ein Gift für Mensch, Tier und Pflanze (Stichwort: Waldsterben).

Verkehr, Gewerbe, Industrie, Kraftwerke, Müllverbrennungsanlagen und Haushalte mixen einen Gift-Cocktail aus Stickoxiden, Kohlenwasserstoffen, Kohlenmonoxid und anderen Schadstoffen: das sind die „Rohstoffe“ – die Ausgangsprodukte bzw. Vorläufersubstanzen – für Ozon, das von den Sonnenstrahlen ausgebrütet wird.

Je schöner das Wetter, umso mehr Ozon entsteht in unserer Atemluftzone. Die Gefahr kommt also aus heiterem Himmel. Das dreiwertige Sauerstoffmolekül – O_3 – steigt in der Sommersaison zum Spitzenreiter der Umweltgifte auf.

Mögen die Behörden die Warnwerte bei 100, 150 oder 200 ppb (= parts per billion, das heißt Teile Ozon je Milliarde Teile Luft) ansetzen, Umweltmediziner mahnen: „Alles, was über 60 ppb ist, ist zu hoch.“ Denn ab 60 ppb

ist eine gesundheitliche Gefährdung nicht mehr auszuschließen.
Zuviel Ozon bewirkt neben Augenbindehautreizung, Kopfweh, Konzentrationsstörung, Leistungsbeeinträchtigung, Schwindelgefühl, Allergie und Schädigung der Körperabwehr (Immunsystem) vor allem Atemwegsbeschwerden und Lungenfunktionsbehinderung.
Das Atemgift O_3 führt beispielsweise zu vermehrter Schleimbildung, Kratzen in Hals und Rachen, Bronchitis, Asthma und Lungenemphysem.
Was den Laien verblüfft, ist nicht nur, daß gerade Schönwetterperioden und ausgiebiger Sonnenschein die Entstehung der giftigen Ozonglocke begünstigen, sondern auch, daß die Ozonbelastung in sogenannten Reinluftgebieten auf dem Land höher ist als in Industriezentren und Ballungsräumen oder neben Autobahnen. Denn sie tritt in größerer räumlicher Entfernung von den Verursachern auf. Das hängt mit den Luftverfrachtungen (die Reinluftgebiete bekommen die Ausgangsschadstoffe für Ozon per Luftpost) und der Stärke der Sonneneinstrahlung zusammen.
In Europa weist der Alpenraum die höchste Ozonkonzentration auf, in Deutschland Bayern.
Bei der alarmierenden Zunahme der Ozonwerte um 3 % jährlich ist es keine Lösung, den Menschen besonders der Risikogruppen (Kranke, Alte, Kleinkinder und Schwangere) zu raten, sich bei Ozonwarnung in geschlossenen Räumen aufzuhalten und körperliche Tätigkeit an „frischer" Luft zu meiden oder gar die Atmung zu mäßigen...
Aus einem Interview des Nachrichtenmagazins „Der Spiegel" mit dem Kieler Toxikologen Professor Otmar Wassermann über die Gefahren der Ozonbelastung:
Spiegel: „Aus dem Umweltbundesamt kommt der Tip, intensives Atmen zu vermeiden."
Wassermann: „Solche Vorschläge kommen der Aufforderung gleich, jeden zweiten Atemzug ausfallen zu lassen – das ist

perfide Verdummung der Öffentlichkeit und dient wohl dazu, von Problemen abzulenken, die nur durch politisch einschneidende Maßnahmen etwa gegen die chemische Industrie oder den Autoverkehr zu lösen sind."

Für die Politiker wie für jeden Staatsbürger heißt es also, die Ozonbremse zu ziehen, das heißt, die Ozonvorläufer aus Auspuffrohren, Kaminen und Schloten, aus den verdunsteten Treibstoffen und Lösungsmitteln usw. zu reduzieren. Das allein kann den Vormarsch des ätzenden Atemgiftes stoppen.

3. Die Geringschätzung der Luft

Wie der Mensch des Westens heute veranlagt ist, schätzt er nur Teures und Rares. Die Luft aber ist kostenlos erhältlich und in Unmengen verfügbar (ein Fünftel der Erdatmosphäre ist Sauerstoff).

Der ist „Luft für mich", pflegen wir zu sagen, wenn wir jemanden „nicht einmal ignorieren". „Luftschlösser bauen" heißt, sich von der Wirklichkeit abheben. Wenn ein Geschäft platzt, sagen wir: „es löst sich in Luft auf".

Der unsichtbaren Luft messen wir keinen Wert bei. Sie ist für uns nichts, null: eben „nur" Luft.

Treffend bemerkte einmal jemand: „Würde die Luft in Flaschen gefüllt und um soundso viel Mark als Heilmittel für Blutreinigung verkauft, alle rissen sich darum."

Die Geringschätzung der unerschöpflich vorrätigen, stets und ständig von der Natur frei und gratis gelieferten Luft trägt dazu bei, daß wir die Atmung gedankenlos vernachlässigen, zumal wir ja ohnehin automatisch und unbewußt atmen.

Das sind die drei Grundursachen, warum unsere Zivilisation atemarm bzw. atemlos ist.

Im Osten – in Indien, China, Tibet oder Japan zum Beispiel – begegnen wir indessen alten Kulturen, die wir regelrecht als „Atemkulturen" bezeichnen können. Die klassischen Religionen, Philosophien, Medizinsysteme, Kampfkünste und Schönen Künste Asiens kreisen um den kostbaren Atem als primärem Träger der kosmischen Energie – nicht bloß des Sauerstoffs.

Die Weltanschauung insgesamt quillt, wie schon der deutsche Pionier der neueren europäischen Atemkunde, Dr. med. Johannes Ludwig Schmitt, erkannte, „im Westen aus dem Suchen des Geistes, im Osten aus der ruhigen, reifen, immer flutenden Lebendigkeit des Atems".

„Wer sich mit Luft ernährt, leuchtet wie ein Gott und lebt lange", sagte Konfuzius (551 – 479 v. Chr.), Chinas größter Sittenlehrer.

In Tausenden Jahren schufen die Weisen des Orients die Künste und Wissenschaften des Atmens: die Inder ihr „Pranayama" (Atembeherrschung) und die Chinesen ihr „Qigong" (Atemmeisterung).

Das „Prana" der Inder oder das „Qi" der Chinesen bedeutet sowohl Atem als auch Lebensenergie. Denn im Atem fließt die das Universum durchwaltende Grundenergie bzw. die allem Leben zugrunde liegende Ursprungskraft.

„Atem, fürwahr, ist noch wichtiger als Hoffnung; denn wie die Speichen eines Rades eingefügt sind in die Nabe, so ist dem lebendigen Atem alles eingefügt. Das Leben geht vonstatten durch den Atem; der Atem gibt das Leben..." (Chandogya-Upanishad, indische hl. Schrift).

Selbst unsere Antike wußte noch um das Mysterium des Atems, des schöpferischen Lebenselixiers zur leibseelischen Erneuerung und geistigen Reifung.

Noch heute verwenden wir das lateinische Wort Inspiration (Einatmung) für einen plötzlichen Einfall oder sogar für eine unmittelbare Eingebung göttlicher Offenbarung durch den Hl. Geist.

Wenn die Hebräer „Ruach", die Griechen „Pneuma" und die Römer „Spiritus" sagten, meinten sie nicht nur „Atem", sondern gleichzeitig „Seele" und „Geist".

In der Bibel lesen wir: „Da formte Gott, der Herr, den Menschen aus Erde vom Ackerboden und blies in seine Nase den Lebensatem. So wurde der Mensch zu einem lebendigen Wesen“ (Gen. 2,7).
Was uns belebt und beseelt – energisiert –, ist also dem Schöpfungsbericht unserer Heiligen Schrift zufolge der „göttliche Odem“.
Wir haben den Atem von Gott. Er ist also heilig. Es ist eine Gnade, atmen zu dürfen.
Die islamische Mystik unterstreicht: „Alles ist im göttlichen Atem enthalten wie der Tag im Dunst des frühen Morgens“ (Muhyiddin Ibn al Arabi).
Der Atem begleitet uns durch das Leben vom ersten Schrei bis zum letzten Seufzer, tagaus, tagein, im Wachen und im Schlafen pausenlos. Der Atem ist die treibende Kraft unseres Lebens. Wenn er uns verläßt, „hauchen“ wir das Leben aus.
Wir halten es aus, wochenlang nicht zu essen und tagelang nicht zu trinken. Doch minutenlang nicht zu atmen – das überleben wir nicht.
Der Atem ist die Brücke zwischen Leib, Seele und Geist des Menschen.
Wie die körperlichen, seelischen und geistige Vorgänge unsere Atmung beeinflussen, so ist umgekehrt unsere körperliche, nervliche, seelische, gemütsmäßige und geistige Verfassung durch die Atmung zu beeinflussen.
Das macht sich die Heilkunde seit Jahrtausenden zunutze – im Osten. Im Westen ist die moderne Medizin auf die Heilkraft des Atems erst in den letzten Jahren und Jahrzehnten aufmerksam geworden.

Das Buch „Atme dich gesund!“ ist in 3 Teile gegliedert.
Der dritte Teil *(„Atemtherapie“)* stellt die Atmung als Hauptheilmittel vor – von den Urzeiten bis zu den modernsten atemtherapeutischen Sanatorien, die die Selbstheilungskraft des Körpers durch Atemkuren entfalten.

Wir erfahren, was die Atmung zu leisten imstande ist bei der Gesunderhaltung, Krankheitsabwehr und Heilung. Der Heilatem rückt zahllosen Leiden und Störungen zuleibe: 122 sind im dritten Buchteil berücksichtigt.

„Es ist erstaunlich, wieviele Krankheiten durch Wiedererlernen des ‚richtigen' Atmens zu beseitigen sind", unterstreicht Dr. med. Josephine Zöller, eine Berliner Ärztin mit langjähriger Chinaerfahrung, die selbst die chinesische Atem- und Bewegungskunst Qigong („Das Tao der Selbstheilung") erlernt hat.

Der Atem ist unser verläßlichster Verbündeter nicht nur in der Schmerz- und Krankheitsbekämpfung, sondern überdies in der Gestaltung eines erfüllten, erfolgreichen und glücklichen Lebens.

Zu den Früchten der richtigen Atemführung zählen nämlich unter anderem inneres Gleichgewicht und Gelassenheit in allen Lebenslagen, Wachheit des Geistes, Konzentrationsfähigkeit, Kreativität, Ausdauer, Lebensschwung, Leistungssteigerung, Vitalität, verbessertes Aussehen, gute Laune, Optimismus und Harmonisierung des Gesamtorganismus.

B. K. S. Iyengar, weltbekannter Yoga- und Atempädagoge aus Indien, über das Atem-Exerzitium: „Zu Anfang verschafft es Erleichterung bei gewöhnlichen Unpäßlichkeiten wie Schnupfen, Kopfschmerzen und Zerstreutheit. Aus seinen Tiefen jedoch entspringt das Elixier des Lebens."

Der zweite Teil („Atemtraining") verrät, wie wir die gefesselte Kraft der Atmung befreien können. Mit anderen Worten: wir lernen die Methoden der Atemschulung kennen mit 80 wirksamen Beispielen – uralten und modernen – zum Üben.

Wer den Praxisteil beherzigt, braucht nicht mehr zwanghaft seufzend, gähnend, schnaufend, keuchend und hechelnd durch das Leben gehen. Er muß nicht mehr mit einem hochgezogenen engen und flachen Atem auskommen. Er bekommt den gesundheitsfördernden sprichwörtlichen „langen Atem" zurück. Er kann buchstäblich „aufatmen".

Ziel jeder verantwortungsvollen Atemerziehung ist der frei und gelöst atmende Mensch, der den natürlichen Gesundatem voll zuläßt.
Der erste Teil („Atmungssystem“) widmet sich dem Atemapparat und seiner Funktion. Wir nehmen die Atmungsorgane und den Atmungsvorgang gleichsam unter die Lupe. Dabei beschränken wir uns nicht auf die naturwissenschaftliche Funktionsbeschreibung, die, gestützt auf Physik und Chemie, die Atmung nur als bloßen Luftaustausch begreift. Wir beziehen selbstverständlich die in jahrtausendelanger Erfahrung gewonnene Energielehre des Ostens ein.

Erster Teil

ATMUNGSSYSTEM

Wir leben von der Luft.

○ In Ruhe schöpft der Erwachsene 14 bis 18mal pro Minute Luft, 16mal im Mittel *(= Atemfrequenz).* Das ergibt pro Tag über 23000 Atemzüge.

Bei körperlichen Anstrengungen oder Gemütswallungen sowie im Leistungssport steigt die Atemfrequenz von 16 auf 30 oder mehr. Ein unsportlicher Übergewichtiger kommt aber schon in Ruhe auf 20 Atemzüge je Minute.

Nach chinesischer Heilkunde sind für einen Normalmenschen in Ruhe neun Atembewegungen in der Minute genug. Sportler einerseits sowie Zenmönche, Qigong-Meister und Yogis anderseits kommen in Ruhe mit sechs bis acht Atemzügen aus. In Tibet, Indien und Japan gibt es Mönche, die nur viermal, und Mystik-Meister, die dank der Verfeinerung ihrer Atmung nur zweimal je Minute atmen.

In der Meditation und Tiefenentspannung (z. B. durch das Autogene Training) erreicht selbst der normal Sterbliche eine Atemfrequenz von sechs bis zehn.

○ Je Atemzug nehmen wir gewöhnlich einen halben Liter Luft auf *(= Atemzugvolumen).* Bei Belastungen kann das Atemzugvolumen, also die je Atemzug eingesaugte Luft, aber an die drei Liter betragen.

○ Bei einem durchschnittlichen Atemzugvolumen von einem halben Liter tanken wir in einer Minute acht Liter Luft *(= Ateminutenvolumen)* und in einem Tag nahezu 12000 Liter. Das heißt: im Lauf eines 75jährigen Lebens atmen wir rund 315 Millionen Liter Luft ein und aus.

Bei Belastung kann das Ateminutenvolumen, das heißt die pro Minute eingeatmete Luftmenge, um das Zehnfache steigen, also statt acht Liter 80, ja sogar 90 Liter betragen.

Während der Durchschnittsmensch in Ruhe (bei 16 Atemzügen) pro Minute acht Liter Luft aufnimmt, schafft es ein in der Tiefatmung Trainierter, (bei nur sechs Atemzügen) in der Minute zwölf Liter Luft zu schöpfen.

○ Wieviel Luft kann die Lunge im Durchschnitt überhaupt fassen *(= Totalkapazität)?* Sechs Liter.
Die sechs Liter Luftmenge des Gesamtluftfassungsvermögens der Lunge setzen sich zusammen aus der Atemluft (0,5 Liter), der Zusatzluft (2,5 Liter), der Vorratsluft (1,5 Liter) und der Restluft (1,5 Liter).
– Die *Atemluft* ist nichts anderes als das normale Atemzugvolumen.
– Die *Zusatzluft* ist jene Luftmenge, die wir bei forcierter, angestrengter Einatmung zusätzlich zum normalen Atemzugvolumen aufzunehmen imstande sind. Alltagsmenschen vermögen also im Schnitt drei Liter Luft einzuatmen (Atemluft + Zusatzluft), Athleten und Schwimmer hingegen fünf Liter, Ruderer sogar fünfeinhalb bis sechs Liter.
– Die *Vorratsluft* ist jene Luftmenge, die bei normaler Atmung in der Lunge zurückbleibt, bei forcierter, tiefer Ausatmung aber noch entweicht.
– Die *Restluft* ist jene Luftmenge, die selbst bei stärkster Ausatmung in der Lunge bleibt. Würde die Lunge vollständig entleert, käme es nämlich zu einem Kollaps der Lungenbläschen.
○ Das gesamte Fassungsvermögen der Lunge ist wohl für das theoretische Verständnis der Atmung aufschlußreich, aber in der Praxis interessiert uns das *nutzbare* Fassungsvermögen der Lunge: die sogenannte *Vitalkapazität.* Sie gibt Aufschluß über unsere eigenen Atemmöglichkeiten. Sie ist der Gradmesser unserer persönlichen Atemfülle – und unseres körperlichen Leistungsvermögens und Allgemeinbefindens.
Die Vitalkapazität – sie wird mit dem Spirometer gemessen – ist die Luftmenge, die bei vorangegangener maximaler Einatmung in der maximalen Ausatmung entweicht. Sie besteht also aus Atemluft (normales Atemzugvolumen) + Zusatzluft + Vorratsluft.
Bei bewegungsarmen Schreibtischmenschen beträgt die Vitalkapazität allenfalls nur zweieinhalb bis drei Liter. Im Durch-

schnitt beziffert sie sich bei Männern auf 4,7 Liter und bei Frauen auf 3,2 Liter. Bei Trainierten entweichen bei der Ausatmung nach stärkster Einatmung rund fünf Liter Luft. Schwimmer und Marathonläufer können eine Vitalkapazität von sechs bis acht Litern erreichen.

Trainieren wir also die Tiefatmung, um die Elastizität unserer Lunge so gut wie möglich zu gestalten und unsere Atemfülle zu erweitern!

1. Tennisplatz aus 400 Millionen Bläschen

Der Atemapparat

Begleiten wir die Atemluft auf ihrem Weg.

Erste Station: Nase
Durch die Nasenlöcher gelangt die Außenluft in den Körper. Die mit feuchten Schleimhäuten ausgekleidete und mit Millionen Flimmerhärchen besetzte Nase, die im hinteren Bereich sich zu einem spiralig gewundenen Labyrinth von muschelförmigen Luftkanälen entfaltet, reinigt, wärmt und befeuchtet die eingeatmete Luft.
Die Nase ist gleichsam ein Filter, der schädliche Staubteilchen und bedrohliche Krankheitskeime (Bakterien) abfängt. 1 cm^3 Atemluft enthält Millionen Schwebeteilchen (Ruß, Fasern, Mineralstäubchen, Mikroben usw.), die durch die feinen, kurzen, borstigen Härchen gehindert werden, in den Organismus einzudringen.
Die von Fremdkörpern befreite einströmende Luft wird gleichzeitig in den Windungen vorgewärmt und von den Nebenhöhlen her mit Wasserdampf angereichert, damit die Atemorgane nicht angegriffen werden und eine Infektion erschwert wird. Die Nase ist also eine perfekte Klimaanlage der Natur.
Ein zusätzlicher Schutz- und Reinigungsmechanismus der Nasenschleimhäute ist der Reflex des Niesens, einer explosionsartigen Luftausstoßung zur Entfernung unerwünschter Stoffe (wie Staub oder Schleim). Es ist daher gesundheitsschädlich, das Niesen zu unterdrücken.
Die Natur will, daß wir durch die Nase atmen. Wer durch den Mund Luft holt, setzt die Mandeln und den Kehlkopf

sowie die Atmungsorgane kalter und schmutziger bzw. mit Krankheitserregern geschwängerter Luft aus und riskiert zahlreiche Beschwerden. Er ist außerordentlich anfällig für Infektionskrankheiten.
Mundatmer gelten überdies in der Regel als schlechtere Schläfer und schwächere Denker als Nasenatmer, die insgesamt leistungsstärker und lebenstüchtiger sind.

Zweite Station: Rachen
Im offenen Raum hinter der Nasenhöhle und Mundhöhle, im Rachen (Pharynx), kreuzen sich Luft- und Speiseweg. Die Mandel im Nasenrachenraum, ein Lymphschwamm, bildet ein extra Bollwerk gegen Krankheitserreger. Die an der Rachenhinterwand entlang streichende Luft dringt durch den Kehlkopf (Larynx) in die Luftröhre.

Dritte Station: Luftröhre
Ein zirka 12 cm langer und 2 cm breiter elastischer Kanal – Luftröhre (Trachea) genannt – verbindet die oberen Luftwege mit den unteren. Das heißt, er leitet die Luft vom Rachenraum in die beiden Stammbronchien.
Feinde, die den ersten Grenzposten noch entwischt sind, werden hier arretiert. Die in der Nase beginnende Reinigung der Luft wird nämlich in der Luftröhre und in den Bronchien zu Ende geführt.
Der Hustenreflex ist nach dem Niesreflex eine neue Hürde für durchgekommene Fremdstoffe. Der unwillkürliche Hustenakt schleudert in den Kehlkopf eingedrungene Hausfriedensbrecher wie Staub oder Rauch usw., die die Atemwege belagern, stoßweise ins Freie. Der Hustenstoß hat eine rasende Strömungsgeschwindigkeit, so daß er die störenden Partikel mechanisch mitreißt. Während die Geschwindigkeit der ausströmenden Luft in der Ruheatmung gewöhnlich drei Meter pro Sekunde ausmacht, beträgt sie beim Husten bis zu 100 Meter pro Sekunde.

Sie kann sogar Schallgeschwindigkeit (343 m je Sekunde) erreichen.

Vierte Station: Bronchien

Die Luftröhre gabelt sich am unteren Ende in zwei Äste: die Stammbronchien. Ein Luftröhrenast führt zum rechten, der andere zum linken Lungenflügel.

Fünfte Station: Lunge

Der Luftstrom verteilt sich im Bronchialbaum der Lunge mit seinen zahlreichen Verästelungen (Bronchien) und Verzweigungen (Bronchiolen), bis er schließlich das Ziel erreicht: die Lungenbläschen.

Endstation: Lungenbläschen

Die mikroskopisch kleinen, hauchzarten Lungenbläschen (Alveolen), die die Lunge auskleiden, sitzen weintraubenartig an den Bronchiolen. Sie sind winzige Luftsäckchen, 350 bis 400 Millionen an der Zahl.

Während die menschliche Haut, das heißt die Oberfläche unseres Körpers, nur 2 Quadratmeter ausmacht, beträgt die Oberfläche der Lunge dank aller Wände ihrer wabenartigen Gewebebläschen das Fünfzigfache davon, nämlich 80 bis 120 Quadratmeter. Die Atemfläche der Lunge entspricht also der Größe eines Tennisplatzes.

Die winzigen Kämmerchen der Alveolen, die umsponnen sind von einem zarten Kapillarnetz (Kapillaren oder Haargefäße heißen die feinsten Verzweigungen der Blutgefäße), geben den Nährstoff der Luft an das Blut ab.

Bevor wir uns aber dem Atmungsvorgang selbst zuwenden, müssen wir uns vor Augen führen, daß die Luftwege und die Lunge allein noch nicht den Atmungsapparat darstellen. Schlüsselrollen im Mysterienspiel der Atmung kommen außerdem den Atemmuskeln sowie dem Atemzentrum (im Gehirn) zu.

Zwerchfell

Die sich bei der Atmung ausdehnende und zusammenziehende Lunge ist auf die Atemmuskulatur angewiesen: auf die Muskeln im Brustkorb (Zwischenrippenmuskeln), im Schultergürtel und in erster Linie auf das Zwerchfell (Diaphragma). Sie alle bewirken die Erweiterung und Verengung der Brusthöhle und die wechselnden Druckverhältnisse in der Lunge.

Das Zwerchfell ist eine sehnige, kuppelförmige Muskelplatte, die zwei Stockwerke trennt, nämlich die Brusthöhle und die Bauchhöhle. Sie ist gleichsam der Boden der Lunge und die Decke der Eingeweide.

Beim Einatmen weicht die Zwerchfellmuskulatur in die Bauchhöhle aus (der Bauch wird dabei dick) und gibt der Lunge Raum. In der Lunge entsteht, wenn sie sich ausdehnt, ein Unterdruck, der Luft ansaugt.

Beim Ausatmen erschlafft die angespannte abgeflachte Zwerchfellmuskulatur, die sich jetzt, nach oben schwingend, in die Brusthöhle wölbt, so daß sich die Lunge zusammenzieht. Der Bauch wird dabei dünn.

Die sich 16mal in der Minute zwischen Brust und Bauch 3 cm auf und 3 cm ab bewegende Zwerchfellkuppel ist gewissermaßen eine Membranpumpe. Dabei ist der Zwerchfellausschlag (Amplitude), der im Durchschnitt 6 cm und maximal 10 cm beträgt, ein Spiegel der Atmung: ein großer Bewegungsausschlag des Zwerchfells bezeugt eine langsame Tiefatmung, ein kleiner eine hastige Flachatmung.

Zusammen mit den Zwischenrippenmuskeln ist das Zwerchfell für die Atembewegungen hauptverantwortlich.

Übrigens hielten Homer und die alten Griechen das Zwerchfell für den Sitz des Verstandes bzw. der Seele.

Kommandozentrale

Wer gibt den Befehl zu atmen? Das sogenannte *Atemzentrum* des Zentralnervensystems steuert die Atembewegungen

automatisch, selbst wenn wir schlafen, bewußtlos oder betäubt sind.
Das Atemzentrum befindet sich im verlängerten Mark (Medulla oblongata) zwischen Rückenmark und Gehirn und in der Brücke (Pons) an der Gehirnbasis. Die Erforschung der Strukturen und Mechanismen des Atemzentrums ist freilich noch ziemlich lückenhaft.
Gesichert ist aber zum Beispiel: Wenn das Verhältnis Sauerstoff/Kohlendioxid im Kreislauf nicht ausgeglichen ist – also bei Kohlendioxidüberschuß und Sauerstoffmangel im Blut – mobilisiert das Atemzentrum die Muskeln des Zwerchfells und des Brustkorbs, deren Bewegungen die Lunge passiv folgt. Ebenso aktiviert das gestörte Basen- und Säuregleichgewicht den Atemreflex.
Im Atemzentrum langen Meldungen aus allen Richtungen ein, abgesandt von der Haut, den Schleimhäuten, den Eingeweiden und anderen Organen, den Gefäßen, den Drüsen usw. Obendrein teilt ihm die Psyche ihre Gefühlsvorgänge mit. Das Atemzentrum, die übergeordnete Schaltstelle, reagiert empfindlich auf alle Nachrichten mechanischer oder chemischer Boten (Rezeptoren), die das physiologische Bedürfnis nach Luftaustausch ausdrücken, und erteilt über die Nerven (Neuronen) den Atemmuskeln Befehle, die Atmung – je nach Bedarf – zu beschleunigen oder zu verlangsamen.
Das Atemzentrum, die Atemmuskeln, die luftführenden Wege und die Lunge erbringen also gemeinsam die Atemleistung in harmonischem Zusammenspiel.

Schneuzen und Schnupfen

Daß unser Atmungsapparat der sorgfältigen Pflege bedarf, versteht sich. Sie ist dringlicher denn je, denn die Atemwege und -organe sind heute belastet durch Smog, Staub, Rauch, kurzum durch die vielbeklagte Umweltverschmutzung.

Wie können Sie Ihren Atmungsapparat schonen und pflegen? Ein paar Tips:

○ Schneuzen und Schnupfen (mit biologischem Schnupftabak) helfen, die Nase frei zu machen.

○ Die natürlichen Reinigungsmechanismen des Niesens und Hustens, die die Atemwege von abgefangenen Fremdkörpern, Viren und Bakterien befreien, möglichst nicht unterdrücken.

○ Die indische „Nasendusche“ (Jalneti) reinigt die Nasengänge, fördert die Durchblutung und kräftigt die Schleimhäute. Wir neigen den Kopf zur Seite, nach links bzw. nach rechts, und gießen mit einer Schnabelkanne lauwarmes, leicht gesalzenes Wasser (1 Teelöffel Salz auf 1 l Wasser) in das obere Nasenloch – bei geöffnetem Mund –, so daß das Wasser durch das untere Nasenloch herausrieselt.
Die Nasendusche beugt überdies Schnupfen vor.

○ Durch Mund und Nase feuchtheißen Dampf inhalieren. Dem abgekochten Wasser entzündungshemmende und heilende Kräuter und Pflanzenessenzen beigeben.

○ Düfte ätherischer Öle tief einatmen und genießen. Für die Reinigung und Belebung der Atemwege eignen sich beispielsweise die Aromen von Essenzen wie Minze (Menthol), Eukalyptus, Benzoe, Kiefer und Niauli. (Siehe auch Seite 71 f.).
In Tempeln Indiens wird Sandelholz als Räucherwerk zur Atemanregung benutzt. Der in orientalischen und antiken Kulturen verwendete und in die christliche Liturgie übernommene Weihrauch ist gleichfalls wohltuend für Atemwege und Lunge.

○ Entwöhnen Sie sich des Nikotins, geben Sie zumindest das Kettenrauchen auf. Die Raucherlunge ist neben der Säuferleber eine der Hauptursachen des vorzeitigen Todes.

○ Luftkurorte aufsuchen.

○ Meeresluft tanken.

○ Spaziergänge in frischer Luft unternehmen.

○ Beim Wandern müssen die Arme frei beweglich sein. Keine Taschen etc. tragen, so daß das lockere Armspiel ungehemmt ist.
○ Umgehen Sie Klimaanlagen, die die Luft der negativen Ionen berauben, und trockene Zentralheizungsluft (Luftbefeuchter anschaffen).
○ Zur Selbstreinigung der Wohnungs- oder Büroluft werden im Handel Geräte angeboten, die negative Ionen erzeugen.
○ Vermeiden Sie in Ihrer häuslichen Umgebung Baumaterialien, Lacke, Farben, Teppiche und Chemikalien, die die Atemwege reizen.
○ Korsetts sind gottlob aus der Mode. Doch jedes einschnürende Kleidungsstück ist atemfeindlich! Selbst Hosenriemen und enge Hosenbünde hemmen – besonders beim Sitzen – die Zwerchfellbewegung, weil die Bauchdecke nicht nach vorne ausweichen kann. Hosenträger sind also gesünder als Gürtel.

2. Die Sahne der Molkerei

Der Atmungsvorgang

Atmung ist – in einem Wort – Gasaustausch oder Luftauswechslung. Der in den Zellen benötigte lebenspendende Sauerstoff wird angeliefert und das Kohlendioxid (mit anderen giftigen Rückständen) abtransportiert.
Versorgung des Körpers mit Betriebsstoff und Entsorgung von Schlacken – das ist Atmung.
Der Gasaustausch zwischen Lunge und Blut wird *„äußere* Atmung" und der Gasaustausch zwischen Blut und Körperzellen *„innere* Atmung" genannt.

Äußere Atmung
Wir haben den Weg der Atemluft bis in die Lungenbläschen verfolgt, also bis zur „Versandstelle" mit ihrer tennisplatzgroßen Kontaktfläche bzw. Austauschfläche. Wie geht die sogenannte äußere Atmung (oder Lungenatmung) vor sich?
Die zahllosen luftgefüllten Lungenbläschen haben eine durchlässige Membran, dünner als 1/1000 mm, als Haut, durch die der der Luft entzogene Sauerstoff in die Blutbahn gedrückt wird. Es sind die roten Blutkörperchen (bzw. deren Farbstoff Hämoglobin), die den Sauerstoff chemisch binden und bis in den letzten Winkel zu den Körperzellen tragen und im Gewebe abladen.
Umgekehrt wird das Kohlendioxid, ein in den Gewebezellen anfallender Stoffwechselrückstand, von den die Lungenbläschen netzartig umspinnenden hauchfeinen Blutgefäßen in die Lungen abgegeben bzw. übergeführt und letztlich ausgeatmet.
Die Lungenbläschen sind also der Umschlagplatz der unsichtbaren Gase: des frischen Sauerstoffs und des abgestoßenen, überschüssigen Kohlendioxids.

Innere Atmung

Über 2 Millionen-Millionen bzw. 2000 Milliarden Körperzellen sind die Endverbraucher des Sauerstoffs. Während der das Hämoglobin verlassende Lebensstoff Sauerstoff in den Zellenstaat eindringt, tritt der Abfallstoff Kohlendioxid aus den Zellen heraus und wird vom Blutstrom zum Rücktransport in die Lungen entgegengenommen. Der Gaswechsel zwischen Blut und Körperzellen wird, wie gesagt, innere Atmung oder Gewebsatmung genannt.

Fließband Kreislauf

Der Kreislauf fungiert als Transportunternehmen zwischen den Umschlagplätzen der äußeren und der inneren Atmung. Das Leitungssystem für die Atemgasbeförderung besteht aus der arteriellen und aus der venösen Blutbahn. Im Pendelverkehr trägt das Blut in den Arterien den Sauerstoff von der Lunge zu den Zellen und in den Venen das Kohlendioxid von den Zellen zur Lunge.

Für Dr. med. Kenneth H. Cooper ist der Blutumlauf wie ein riesiges, vom Motor Herz in Betrieb gehaltenes Fließband: „Die Lunge“, verbildlicht der amerikanische Sportmediziner, „ist etwa einer Molkerei vergleichbar, in der die Sahne von der unverarbeitet eingelieferten Milch getrennt und abgefüllt wird und danach über ein Fließband zur Verteilung gelangt... Der Sauerstoff ist die Sahne der Luft, die wir atmen... Wenn die mit Sauerstoff gefüllten ‚Flaschen‘ das Gewebe erreichen, tauschen sie den Sauerstoff gegen Kohlensäure aus und transportieren dann die Abfälle zurück zur Lunge, wo sie ‚ausgewaschen‘ werden. Die ‚Flaschen‘ sind nunmehr bereit, neuen Sauerstoff aufzunehmen und den ganzen Weg von neuem zu beginnen.“

Fitneß in Millilitern

Das „Geschenk des Atems“ ist der Sauerstoff, einst „Lebensluft“ genannt. 21 % der eingeatmeten Luft sind Sauerstoff.

Er wird jedoch nur zum Teil verarbeitet. Die ausgeatmete Luft enthält nämlich noch 12 % Sauerstoff bei Hochleistungssportlern, 16 % bei fitten Menschen, jedoch 17 % bei Personen mit durchschnittlicher Körperkondition und 18 % bei Personen mit schlechter Körperkondition.
Das besagt, daß die einen von den 21 Teilen Sauerstoff neun, die anderen fünf, die dritten vier und die letzten nur drei verwerten. Im krassen Fall wird also nur ein Siebentel des Sauerstoffangebotes genutzt und dem Organismus zugeführt.
Wenn ein Hochleistungssportler neun und ein Untrainierter nur drei von den 21 Teilen Sauerstoff der Luft entzieht und im Körper halten kann, so bedeutet das, daß letzterer dreimal so oft atmen muß wie ersterer, um die gleiche Energiemenge zu gewinnen. Das ist gesundheitlich sehr unrationell und unökonomisch.
Je mehr Sauerstoff im Blut bleibt, um so leichter vermögen wir mit körperlichen und seelischen Strapazen fertigzuwerden.
Gemessen wird der *maximale Sauerstoffverbrauch* (bei äußerster Anstrengung) in ml/kg/min, also in 1/1000 Liter je Minute, bezogen auf 1 kg Körpergewicht. Jene Milliliter sind der Gradmesser unserer Fitneß.
Ein Sauerstoffverbrauch von 80 ml/kg/min beispielsweise bezeugt eine hervorragende Kondition (etwa die eines Skiläufers), eine von 42 ml/kg/min noch eine gute Leistungsfähigkeit.
Beharrliches Training und reichliche Bewegung helfen uns, unsere Sauerstoffverarbeitung zu verbessern.
Übrigens: Die Hautatmung leistet einen kleinen Beitrag (0,7%) zur Sauerstoffaufnahme des Organismus. Was das Kohlendioxid betrifft, so enthält die Einatemluft nur Spuren davon (0,03 %), die Ausatemluft jedoch 4 %. Demnach wird um rund 133mal mehr Kohlendioxid ausgeschieden als eingeatmet. (Zum Großteil besteht die Atemluft aus Stickstoff: die Einatemluft zu 79 % und die Ausatemluft zu 80 %).

3. Beim Klettern wie beim Schlafen

Die Atemfunktion

Nicht nur bei Klettertouren im Hochgebirge brauchen wir Energie. Der Mensch braucht allzeit Energie, selbst beim Schlafen.
Energie benötigen Seele und Geist für ihre Lebensäußerungen, seien es Willensanstrengungen oder Gedankentätigkeiten.
Und Energie braucht der Körper für alle Lebensleistungen: um die Zellbestandteile zu erneuern, um die Drüsensekrete herzustellen, um die Körpertemperatur von 37° C aufrechtzuerhalten, um Muskeln zu bewegen, um die Systeme und Prozesse der Verdauung, des Kreislaufs, der Nerven, der Fortpflanzung, der Entgiftung und nicht zuletzt der Atmung zu betreiben usw.
Jede der 2 Billionen Zellen braucht für ihr Wachstum und Wirken Energie. Der Energieerzeugung aber dient die Atmung bzw. die Zufuhr von Sauerstoff, der nötig ist, um die Nahrung (sprich: den Treibstoff) in Energie umzusetzen.
Unsere mechanistische Medizin im Technikzeitalter liebt es, den Körper mit einem Triebwerk und die Zellen mit Verbrennungsmaschinen zu vergleichen, die ständig Kraftstoff (Nährstoff) verbrennen, um Energie freizusetzen.
Die Umwandlung der Nahrung in freie Energie – der Stoffwechsel – ist tatsächlich einem Verbrennungsvorgang ähnlich, der ohne Sauerstoff nicht möglich ist. Sauerstoff facht gleichsam die Glut unseres Stoffwechselfeuers an.
Wenn wir unsere Atmung aktivieren, heben wir also unseren niedrigen Energiespiegel an, so daß wir unseren Alltag souverän zu meistern imstande sind.

Die deutschamerikanische Atemlehrerin Carola Speads gibt zu bedenken: „Die verminderte Energiezufuhr als Folge mangelhafter Atmung macht aus Arbeit und Leben eine erschöpfende Fron. Und wie schön könnte das Leben sein." Eine ihrer Schülerinnen, befragt über die Auswirkungen ihrer Atemveränderung, schlug die höchsten Töne an: Es ist „ein Vorgeschmack aufs Paradies".

4. Lebensschnur zum All

Atemverständnis des Ostens

Die Heiligkeit des Atems ist dem Westen verlorengegangen, selbst wenn das griechische Wort Pneuma (Atem) in der Kirche und in der Theologie fortlebt als neutestamentliche Bezeichnung für den Heiligen Geist.
Atmen – das heißt im Osten aber, den Kraftstrom der kosmischen Energie anzapfen, heißt, mit dem Universum zu kommunizieren, heißt, sich mit der Natur einschließlich der Galaxien innig zu vereinigen.
Der Atem ist im Osten Lebensschnur zum All, Schlüssel zur Freude, Sproßenleiter zu höherem Bewußtsein, Tor zur höchsten und letzten Wirklichkeit, Brücke zur transzendentalen Weisheit, Weg zur Persönlichkeitsentwicklung und Selbstverwirklichung.
Spirituell orientierte Geheimgesellschaften, Gelehrte und Priesterärzte in Babylonien, Ägypten und Griechenland, Ärzte und Philosophen im alten Rom, indische und tibetische Yogis, chinesische Dao-Einsiedler, muslimische Sufis und tanzende Derwische oder japanische Zen-Mönche wußten und wissen um das Mysterium des Atems. Sie entwickelten die Atmung zur Kunst.
Der Atemkünstler erlebt in seiner Ganzheits- und Einheitserfahrung die Welt ohne Grenzen und Spaltungen. Er stößt zum Wesen der Dinge vor (und bleibt nicht – wie der Alltagsmensch – an der Oberfläche hängen). Er bringt sich intuitiv in Übereinstimmung mit den Naturgesetzen und der Schöpfungsordnung. Er versteht, den Atem in Energie umzusetzen.
„Der Atem ist die Tür zum Dao", lautet eine chinesische Weisheit (Dao = das Absolute).
„Sammle dich im Atem, und Dao wird in dir sein", schrieb

im 3. Jahrhundert vor unserer Zeitrechnung der Chinese Chu Yuan.

Und im Atharva-Veda (1000 v.Chr.), einer indischen heiligen Schrift, heißt es: „Der Äther webt das All, der Atem webt den Menschen."

Atman, unserem Wort Atem verwandt, bedeutet im Altindischen: die im Menschen wohnende Weltseele (Brahman) oder „Gott in uns".

Das Atemverständnis des Westens, reduziert auf bloße Luftphysik und -chemie, erscheint im Vergleich zu dem des Ostens dürftig, oberflächlich und vordergründig.

Die Mystiker wie die Magier im alten China stützten sich auf den Atem, wenn sie nach dem todlosen Leben, der Unsterblichkeit, strebten, die Mystiker im spirituellen, die Magier im materiellen Sinn.

Ein glückseliger Heiliger zu werden, ein Xian, war der Wunschtraum des Volkes in der daoistischen Tradition Chinas. Die Xian waren die idealen Menschen des goldenen Zeitalters, schwerelose Paradiesmenschen, engelgleiche Flügelmenschen. Sie genossen göttlichen Status. Den Kern der Körperpraktiken, die zur Unsterblichkeit führen sollten, waren Atemübungen und Fasten. Was kennzeichnete die sogenannten „wahren Menschen" des Altertums in China? Sie „atmeten mit vollen Lungen", sie „zogen ihren Atem bis zu den Fersen, nicht nur bis zu den Kehlen, wie die gewöhnlichen Menschen".

In der Kunst – in Malerei und Dichtung zum Beispiel – ging es den Chinesen ursprünglich überhaupt nicht um einen „fotografischen" Realismus, im Gegenteil: der Künstler hatte das Wesen der Dinge zu enthüllen, nämlich ihren Atemrhythmus (Qi yun). Den Atemrhythmus des Darzustellenden mußte er vermitteln und wiedergeben.

Sen You, einem berühmten chinesischen Maler des 6. Jahrhunderts, so berichtet die Legende, gelang es meisterhaft, beim Zeichnen von Drachen die Vitalenergie des Drachen

zu offenbaren, das heißt, dessen Lebendigkeit einzufangen. Denn sobald er zum Schluß dem Drachen die Augen gemalt hatte, schwang sich das Fabeltier in die Lüfte.
Der vom erleuchteten Künstler erpürte und innerlich aufgenommene Lebensatem der Dinge oder Personen führte den Pinsel oder Stift. Der Künstler durfte nicht durch Subjektives den die Hand führenden Atemrhythmus der Natur stören. Er verstand sich als Instrument, als Medium des Göttlichen bzw. der Vitalenergie.
Bei den Kampfkünsten des Fernen Ostens (Judo, Karate, Kendo, Kyudo, Gongfu/Kungfu, Taekwondo usw.) ist es nicht anders: ihr grundlegendes Prinzip ist die Atmung und deren Elixier, das die Chinesen Qi, die Japaner Ki und die Koreaner Gi nennen.

Lebensenergie statt O

Untrennbar verbunden mit dem Atem ist das Qi/Ki/Gi des Fernen Ostens, das Prana der Inder, das rLung der Tibeter.
Gemeint ist unter den verschiedenen Namen die das Universum erfüllende und durchdringende Lebenskraft, jene kosmische Energie, die alles Leben trägt, Körper und Geist des Menschen aufbaut, die Sonne und Erde, Wolken und Winde bewegt, Blumen sprießen und Sterne explodieren läßt und die die Welt zusammenhält.
Alle bekannten physikalischen Energien wie Wärme, Schwerkraft, Magnetismus, Elektrizität und Licht werden verstanden als Erscheinungsformen der einzigen kosmischen Energie, des göttlichen Odems.
Der deutsche Physiker und Naturphilosoph Carl-Friedrich von Weizsäcker (geb.1912) betrachtet die im Atem geborgene Urkraft Prana (in „Biologische Basis religiöser Erfahrung“) als eine „alldurchdringende subtile Lebenssubstanz, einerseits materiell feinstofflich, zum andern aber als ‚eine der Seele zugehörige Substanz‘.“

Prana ist nach von Weizsäcker „etwas wie die allgegenwärtige Energie der höchsten kosmischen Intelligenz... Prana baut das Lebendige sinnvoll, nach einem uns verborgenen Plan, der sich jedoch dem ahnenden Blick wenigstens teilweise erschließt."

Es ist also nicht bloß das chemische Element O (Oxygenium = Sauerstoff), das uns der Atem spendet, sondern – in asiatischer Sicht – der Lebensbringer schlechthin, die schaffende Kraft des Kosmos.

Einsichtigen Geistern des Westens war und ist das natürlich nicht fremd. So meinte zum Beispiel der französische Romanschriftsteller Honoré de Balzac (1799–1850): „Der Mensch vermag keine Kräfte zu schaffen, sondern nur die einzig und allein bestehende Kraft, die alle übrigen in sich begreift, anzuwenden: den Atem des höchsten Schöpfers der Welten."

Es geht in der Atmung darum – um mit einem der ältesten auf Heilatmung bezogenen chinesischen Texte zu sprechen –, „sich der Himmel und Erde innewohnenden Kräfte zu bemächtigen".

Teilhabe an der absoluten Energie – das ist Atmung.

Der Osten wartet nicht, bis Qi oder Prana eines Tages naturwissenschaftlich erklärbar und intellektuell be-greifbar ist. Er nutzt das erfahrbare Prana bzw. Qi einfach.

Zen, Yoga, Tantra, Daoismus, Konfuzianismus, Shintoismus und Sufismus zum Beispiel sind reich an Erfahrungswissen über den Atem und seine Essenz: die Lebensenergie.

Sammlung und Speicherung der Lebensenergie kraft bestimmter Atemweisen dienen im Osten – einmal abgesehen von den heilkundlichen Zwecken – einerseits zur Bewußtseinserweiterung in der Meditation und anderseits zur Erlangung außergewöhnlicher Fähigkeiten.

Ein Beispiel: In Tibet gehörte es zu den Prüfungen der Mönche, sich nackt in Eis und Schnee zu setzen und auf ihrem Leib nasse Leintücher zu trocknen – mit Hilfe der Wärme, die sie durch ihre Atemübungen erzeugten.

Das Atemmeer

Die Energielehre der Chinesen und die Kenntnis der Meridiane (Energieleitbahnen) fanden mit der Akupunktur schon Eingang in die Medizin des Westens. Man lernt in Europa und Amerika umgehen mit Begriffen wie „Hara“ (japanisch) und „Dantian“ (chinesisch). Das sind fernöstliche Ausdrücke für das vitale Zentrum des Menschen, „Ozean der Energie“ oder „Atemmeer“ genannt, kurzum für das Sammelbecken, den Regenerationsort und die Verteilerstelle der Atemenergie.

Der springende Punkt der Atemzentrierung liegt in der Bauchmitte rund 5 cm unterhalb des Nabels. Dorthin muß die Luft gemäß der fernöstlichen Atemwissenschaft willentlich geführt werden.

Der der naturwissenschaftlichen Medizin verpflichtete und mit der traditionellen östlichen Heilkunde vertraute japanische Professor Takashi Nakamura, ein Atemgelehrter, gibt folgenden Tip, um das Kraftfeld zu orten: „Legen Sie die Hände mit abgespreizten Daumen so auf den Bauch, daß die Daumenspitzen sich auf dem Nabel und die Zeigefinger sich darunter berühren. In dem herzförmigen Bereich, den Daumen und Zeigefinger dann beschreiben, liegt das Tanden.“ (Tanden – ein anderes Wort für Hara – ist der japanische Ausdruck für Dantian.)

Das macht verständlich, warum die Weisen, Helden und Heiligen des fernen Ostens in der Regel mit kräftigem Bauch abgebildet werden. Unsere Heroen indes werfen sich in die Brust, sie sind nicht verankert in der „Erdmitte“ des Menschen – im Bauch und Beckenraum.

Das Dantian steht im Zusammenhang mit unserem Sonnengeflecht (Solar plexus), dem großen Nervengeflecht, das das körperliche, geistige und seelische Gleichgewicht regelt.

Der Atemleib ist kein Gespenst

Unbekannt in den modernen Kliniken des Westens ist aber die yogische Anatomie und Physiologie Indiens und Tibets. Der sogenannte „feinstoffliche Körper“ wird von Naturwissenschaftlern nicht verstanden.

Der feinstoffliche Körper wird mit verschiedenen Namen bezeichnet, die mehr oder weniger treffend sind: Atemleib, Energie-(Prana)-Hülle, Ätherkörper, Aura, kinästhetischer Körper, Astralkörper, doppelter Körper, subtiler Körper. Solche Ausdrücke sind oft irreführend. Sie „rufen die Vorstellung eines Gespenstes hervor, das in höheren Sphären schwebt“, meint André van Lysebeth, ein großer europäischer Hathayoga-Lehrer. Er schlägt daher den Namen Pranakörper vor. Der feinstoffliche Körper will jedenfalls als Energieausstrahlung aufgefaßt werden. Er wird von der im Körper pulsierenden Energie gebildet, wobei der grobstoffliche Körper – der uns vertraute – und der feinstoffliche = energetische Körper einander durchdringen.

Der feinstoffliche Körper entzieht sich Messungen mit Apparaten, er ist daher in keinem anatomischen Atlas zu finden. Doch er ist kein Phantom. Er kann wahrgenommen werden mit feinstem Körpersinn, der allerdings Intellektuellen abhanden gekommen ist. Er ist nur von spirituellen Meistern und Mystikern erfahrbar, seit Tausenden von Jahren.

Die Weisen lassen ruhig die Fachgelehrten des Westens mit ihrer Überbetonung des Sichtbaren und Greifbaren und ihrem maßlosen Verstandesdünkel die Nase rümpfen und die Stirn runzeln. Mag der aufgeblähte Geist alles, was den Horizont des Kathederwissens übersteigt, als Winkelkunst und Aberglaube abtun, was soll's. Die Weisen leben im Atem und aus dem Atem und kennen aus innerer Beobachtung die Anatomie und Physiologie des feinstofflichen Körpers, der den Wissenschaftlern verborgen bleibt. Denn die Wissenschaftler wissen nur um die Erscheinungen, die Weisen aber wissen um das Wesen.

Im Osten gilt allemal der chinesische Weisheitsspruch: „Willst du etwas wissen, so frage einen Erfahrenen und keinen Gelehrten."

Die Nadis

Die Kraftlinien im feinstofflichen Körper, wie ihn der indische Yoga zeichnet, heißen Nadis. Nadi bedeutet: Kanal, Leitung, Rohr.

72000 pranaführende Nadis unterscheiden die klassischen Yogatexte. Die Energieleiter – Pranaströme – durchziehen als Netzwerk den Körper.

Drei feinstoffliche Hauptadern des Geflechts werden aber hervorgehoben. Sie heißen Sushumna, Ida und Pingala.

Sushumna ist gleichsam die Prachtstraße der Vitalessenz. Sie folgt der Wirbelsäule vom Damm bis zum Scheitel.

Rechts und links der Hauptachse laufen die Energiestränge Ida und Pingala, die sich wie eine Schlange (vgl. den Äskulapstab) in entgegengesetzter Spirale um den Zentralkanal winden.

Wo sich die „Luftadern" Ida, Pingala und Sushumna kreuzen bzw. treffen, liegen die Chakras, die Brennpunkte der kosmischen Energie.

Die Chakras

Den sieben Chakras (wörtlich: Schwungräder), poetisch Lotosblüten genannt, kommt es zu, die durchströmende Energie zu sammeln, umzuwandeln und zu verteilen.

Würde man das Prana mit elektrischer Energie vergleichen, so wären nach einem Bild des großen zeitgenössischen indischen Yogameisters Iyengar die Chakras Akkumulatoren und Transformatoren und die Nadis Hochspannungsleitungen.

Gleichzeitig sind die Chakras aber Bewußtseinszentren.

Die sieben Kraftzentren heißen: Wurzellotos (Muladhara), Beckenlotos (Svadishthana), Nabellotos (Manipura), Herzlotos (Anahata), Kehllotos (Vishuddha), Stirnlotos (Ajna) und Scheitellotos (Sahasrara).

Beim Durchschnittsmenschen sind viele der Nadis nicht durchlässig, so daß die Funktionen des Organismus und die Bewußtseinszustände auf Sparflamme geschaltet sind.

Der eingeweihte Yogi aber kann – nicht zuletzt durch Atemführung – die in einer Höhlung an der Wurzel des Rückgrats schlummernde – bildlich als zusammengerollte Schlange dargestellte – unentfaltete Urenergie wecken, anstacheln, aufschließen, stufenweise im Lebensbaum der Wirbelsäule durch die Chakras emporführen und läutern. Das verleiht unglaubliche Fähigkeiten und Qualitäten, seelische, geistige und körperliche, und führt zur Reifung und in Höhe des Schädeldachs zur Erleuchtung, dem kosmischen Bewußtsein der Allverbundenheit.

Wer die entfesselte Kraft indes nicht zu steuern und zu zügeln vermag, wird von ihr zermalmt. Deshalb ist es für einen unvorbereiteten, willensbetonten, im Habenwollen verhafteten, der Natur wie ein Schoßhund entfremdeten Menschen des Westens mit seinem aufgeblähten Ich unberechenbar gefährlich und schädlich, sich dem sogenannten Kundaliniyoga und ähnlichen Praktiken der Weckung der „Schlangenkraft" auszuliefern. Der spirituell Unterernährte muß mit einer körperlichen und geistigen Katastrophe rechnen. Er gleicht dem Kleinkind, das mit dem Feuer spielt.

Nicht umsonst wurde in der indischen Tradition nur ein moralisch hochstehender Schüler, in der Einsamkeit geprüft, jahrzehntelang geübt in bedingungsloser Selbstaufgabe, Askese, Fasten, Enthaltsamkeit, Leidenschaftslosigkeit und Schweigen, persönlich unter dem Siegel der Verschwiegenheit unterwiesen.

Gehen Sie also dahergelaufenen Gurus nicht auf den Leim, wenn sie Geheimlehren laut von den Dächern verkünden und marktschreierisch auf Esoterik-Messen feilbieten. Zum Glück sind die meisten nur Wichtigmacher, die zwar mit

Sanskritworten um sich werfen, aber nicht wirklich wissen, wovon sie reden. Sonst wäre das Unheil, das sie anrichten, noch größer.
Die alten Schriften Indiens mahnen beharrlich, den Atem behutsamer und langsamer zu zähmen als Löwen, Elefanten und Tiger, andernfalls zerreißt er wie eine wilde Bestie den Dompteur.

Es muß gesagt werden, daß selbst in der Atemliteratur leider oft unbedacht und leichtfertig gesundheitsschädliche Techniken vermittelt werden und der Ehrgeiz geschürt wird, sich einer verkünstelten Atemakrobatik ohne Netz zu verschreiben.

Unser Buch wird jedenfalls die Leser nicht mit gewagten und forcierten oder okkultistischen Atemexperimenten aufs Glatteis führen, aber anderseits innerhalb der gebotenen Vorsichtsmaßregeln allgemein praktikable Methoden des Pranayama vorstellen, des indischen „Königswegs zu Wohlergehen, Freiheit und Glück", das „zielstrebiges Denken, starke Willenskraft und gesundes Urteil" entwickelt, wie die philosophischen Yogaschriften versichern.
Vor allem aber beschenken uns die östliche Atemwissenschaft und -kunst, das kompliziertere indische Pranayama und das einfachere chinesische Qigong beispielsweise, wenn wir aus ihrem unermeßlichen Reichtum schöpfen, mit zäher Gesundheit und langem Leben.

Zweiter Teil

ATEMTRAINING

Verzeichnis der Atemmethoden

„Früher lebten die Menschen im Freien", schreibt der japanische Atemforscher Dr. med. Nakamura. „Sie liefen barfuß durch die Gegend und jagten Wild; sie ritten auf wilden Pferden, bearbeiteten Reisfelder, schlugen Holz und hatten sich oft über die Entfernung etwas zuzurufen. Damals war das ganze Leben noch Atemübung."

Damals. Doch in unseren Tagen drücken die Kinder mit gekrümmtem Rücken die Schulbank, und nach dem Schulalter übersiedeln Millionen und aber Millionen Menschen an einen Schreibtisch, über den sie sich Jahr und Tag beugen, mit eingesunkener Brust und nach vorn hängenden Schultern. Daß die „Sitzengebliebenen" in ihrer eingefrorenen, verkrampften Haltung zu atmen vergessen, ist die Regel. Sie müssen durch häufiges Gähnen von der Natur gezwungen werden, gelegentlich Luft zu holen.

Das Tretmühlentreiben, die Alltagssteifheit und Alltagsstumpfheit sowie die Wirrnisse und Disharmonien des modernen Lebens nötigen uns, den Atem einzuschränken und einzuzwängen. Das Atemmuster unserer Zeit ist die flache Brustkorbatmung, nicht nur bei Schreibtischhockern. Wenn wir Opfer der Streßepidemie uns nicht auf die Kraftquelle Atmung besinnen, werden wir zu Schattenbildern unserer selbst, bar jeder Vitalität. Unsere Lebenskraft verfällt.

Die automatische Gewohnheitsatmung reicht nicht mehr aus. Verschaffen wir uns Luft. Brechen wir unsere Atemblockaden. Nehmen wir uns Zeit zum Atmen.

Unser im zweiten Teil entfaltetes Trainingsprogramm nennen wir in voller Absicht nicht „Atemarbeit", wie das heute Mode ist.

Denn Atem„arbeit" klingt nach Schweiß, nach Härte und Heftigkeit, nach Mühe und Plage, nach Last und Schwere, nach Drill und Willenskraft.

Atmung aber ist in Wirklichkeit Genuß und Erholung, ist Spiel, leicht und locker.

Lassen wir beim Üben den Willen aus dem Spiel. Kommandierte Atmung führt zu Gewaltsamkeit und Krampf. Im Eifer neigt der Mitteleuropäer dazu, alles zu überziehen. Dem Eigenwillen unterstellte „Atemarbeit“ ist menschliche „Mache“.
Schon der Altmeister der deutschen Atemerziehung, Dr. Schmitt, mokierte sich über den westlichen Atemgymnastiker: „Und tatsächlich ist nicht selten, daß Europäer von der Erkenntnis des Atems übermannt, nun mit Hast und Heftigkeit sich ihres Atems annehmen, als wäre der Weltuntergang nahe. Den ganzen Tag denken sie nur an ihren Atem, treppauf, treppab, und es wirkt nicht selten karikierend, wenn man solche Menschen mit lächerlicher Figur und gewaltsam verspannter Muskulatur mühsam pusten und keuchen sieht, was sie alsdann ‚Atmen‘ nennen.“
Dr. Schmitt kritisiert die Atmungsarbeit des Europäers, der seinen Atem auspreßt wie eine Zitrone: „Dies bewußte, gewaltsame Atempressen aber benimmt ihm jede Besserungs- und Weiterungsmöglichkeit seines Leibes; denn Wachstum ist nur dort, wo Spielraum ist, und Spielraum nur, wo Entspannung. Entspannung aber nur, wo kein Wille die Muskulatur durchzuckt, nur, wo der Atem fließt wie der Bach in seinem selbstgebauten Bett.“

Goldene Regeln:
○ Wir üben in stiller, sauberer Umgebung und in friedlicher, einsamer Atmosphäre, an einem luftigen (aber nicht zugigen) Platz. Wenn nicht in freier Natur, so in einem gut durchlüfteten Raum oder bei offenem Fenster. Stickige Luft auf alle Fälle meiden.
○ Wir wenden uns von grellem, blendendem Licht ab.
○ Wir tragen eine bequeme, lockere, luftdurchlässige Kleidung, ohne hinderliche Strumpfbänder, ohne beengenden Gürtel, Stehkragen, Schlips oder Büstenhalter usw. Engsitzende Kleidung schnürt zwangsläufig den Atem ein.

○ Brillen und Armbanduhr legen wir ab.

○ Wir üben – wenn möglich – morgens, sonst tagsüber oder abends, nur nicht unmittelbar nach dem Essen (2 Stunden Zwischenraum) oder unmittelbar vor dem Schlafengehen. Ungünstig ist aber nicht nur ein voller Magen, sondern ebenso ein leerer (Hungergefühl).

○ Blase und Darm vor der Übung entleeren.

○ Nase putzen. Sie muß frei sein. Bei Schnupfen im allgemeinen warten, bis er abgeklungen ist.

○ Trainingsdauer: mindestens 15 Minuten täglich.

○ Wir üben maßvoll, aber regelmäßig.

○ Die Körperhaltung muß stabil und angenehm sein. Ungünstig ist der Schneidersitz. Ideal sind der volle oder halbe Lotossitz sowie der vollkommene Sitz, mit einem festen Kissen oder einer gefalteten Decke unter dem Gesäß. Zweckmäßig sind außerdem der Fersensitz und der Pharaonensitz.

Lotos-Sitz

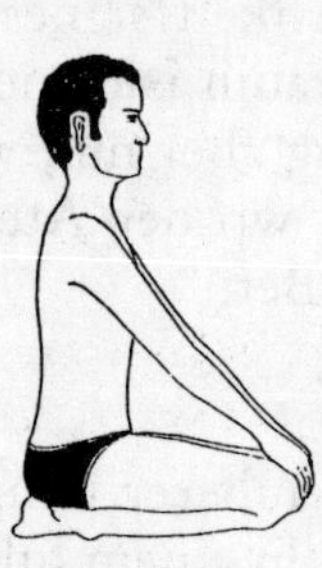
Fersensitz

Vollkommener Sitz

Voller Lotos: wir sitzen mit gekreuzten Beinen, der rechte Fuß ruht auf dem linken Oberschenkel, der linke Fuß auf dem rechten Oberschenkel. Die Fußsohlen sind nach oben gerichtet. Die Knie berühren den Boden.

Halber Lotos: ein Fuß liegt auf dem Oberschenkel des andere Beines, der zweite Fuß liegt in der Schenkelbeuge.

Vollkommener Sitz: die Ferse des linken Fußes liegt am Damm, die Ferse des rechten Fußes am Schambein. Oder umgekehrt.
Fersensitz, bekannt auch als Diamantsitz oder japanischer Sitz: im Knien setzen wir uns auf die Unterschenkel.
Pharaonensitz: wir sitzen „herrenhaft" auf einem Stuhl – in königlicher Haltung, als ob wir eine Krone trügen –, die Beine schulterbreit auseinander. Die horizontalen Oberschenkel bilden mit den Unterschenkeln einen rechten Winkel, die Füße ruhen fest auf dem Boden und beide Hände liegen bequem auf den Oberschenkeln bzw. auf den Knien.
Ob wir mit gekreuzten Beinen, auf den Fersen oder auf einem Stuhl sitzen, entscheidend ist, daß die Wirbelsäule vom Steiß bis zum Nacken gerade ist – senkrecht, im Einklang mit der Schwerkraft. Der aufrechte Rumpf ist aber keineswegs steif, sondern ungezwungen. Die Schultern sind losgelassen, nicht hochgezogen! Die Augen sind halb geöffnet. Wir sitzen so, daß wir den Körper vergessen können.

○ Um vollkommene Entspannung zu erreichen, ist es zweckmäßig, vor der Atemübung körperliche Lockerungsübungen durchzuführen wie Kreisen des Kopfes, der Schultern und der Hüfte.

○ Wir üben mit heiterer, gelassener Einstellung.

○ Wir lassen uns nicht stören durch im Kopf herumschwirrende Gedanken. Wir bringen die „tanzenden Affen" (die Gedanken) zur Ruhe, wie die Inder sagen, oder: wir räumen unsere „Habseligkeiten" beiseite, wie die Chinesen sagen. Auf deutsch: Wir gehen nicht ein auf unsere innere Geschwätzigkeit.

○ Grundsätzlich atmen wir durch die Nase ein und aus (siehe auch Seite 23 und 60). Mundatmung, die als Daueratmung eine Zivilisationskrankheit ist, ist nur in den angegebenen Beispielen als unterstützende Hilfsatmung angebracht.

○ Tun Sie es nicht den von Blume zu Blume fliegenden Schmetterlingen gleich und flattern Sie nicht von einem Übungsbeispiel zum anderen. Mit anderen Worten: wechseln Sie nicht jeden Tag die Übung. Führen Sie eine ausgewählte Übung mindestens eine Woche durch, bevor Sie sich der nächsten zuwenden.

1. Sauberes Glas für den Champagner

Die 3 Grundpfeiler der natürlichen Atmung

Sich künstliche Praktiken, Methoden und Techniken der Atmung anzueignen, ohne das Abc und das Einmaleins der natürlichen Atmung zu beherrschen, ist schädlich! Die Hohe Schule der Atmung setzt die *Grundschule* voraus.
Wer eine Fehlatmung praktiziert – und das tun ja neun von zehn Menschen der Industriezivilisation – läuft Gefahr, seine Atemfehlformen zu verfestigen, zu verstärken und zu verschlimmern, wenn er unvorbereitet Atemgymnastik betreibt und die in Büchern und Kursen angebotenen Atemformeln lernt und sich andressiert. Er stülpt seiner falschen Atmung einen Kunstatem über, und das Unheil nimmt seinen Lauf. Statt den Atem zu befreien, zwängt er ihn in ein neues Korsett.
Wir bauen daher unser Atemtraining auf den drei Grundpfeilern der richtigen, das heißt der Naturatmung auf.

1. Geben ist seliger als nehmen
„Welcher Gastgeber wird seinen Freunden einen herrlich perlenden Champagner in völlig verschmutzten Gläsern reichen!“ meint Dr. Heinrich Egenolf, ein Pionier der Atemschulung. „Der zivilisierte Mensch führt aber sich selbst den herrlichen Sauerstoff in seine verschlackten, verunreinigten Lungen.“
Atmung beginnt mit der gründlichen Ausatmung.
Die Ausatmung hat Vorrang. Sie reinigt von verbrauchter Luft und schafft in den Lungenbläschen Platz für sauerstoffreiche Frischluft. Sie entschlackt, entgiftet und entsäuert. Sie verhindert die fortschreitende innere Vergiftung, der wir er-

liegen, wenn wir ständig ein Viertel oder ein Drittel der Lunge mit gefangengehaltener unreiner, abgestandener Luft gefüllt halten. Abfallprodukte und Kohlendioxid sammeln sich an und okkupieren die unteren Lungenpartien.
Ausatmung der Rückstände löst gleichzeitig Anspannung, beruhigt Nerven und Gehirn. Atmen Sie alles von sich: Abfallprodukte, Krämpfe, drängende Gedanken und bedrückende Gefühle.
Asthma ist letztlich eine Störung der Ausatmung: ein Atemstau. Der keuchende Asthmatiker fürchtet zu ersticken, weil er nicht genügend Luft bekommt und sucht unmäßig Luft an sich zu reißen. Er kann den Hals nicht voll genug bekommen. In Wahrheit leidet er an einem Zuviel an Luft, an einer gedrosselten Ausatmung, an einem quälenden Ausatemkrampf durch Überblähung der Lunge.
Der Asthmatiker übernimmt sich im Nehmen, wie es der bekannte Psychotherapeut Thorwald Dethlefsen formuliert, und will alles behalten.
Das Nehmen ohne Geben ist aber der Atemruin.
Der Atemlehrer Dr. Heinrich Egenolf beobachtete aufmerksam das Atemverhalten von Tieren.
Das schweißgebadete Rennpferd, das unter Ausnutzung seiner allerletzten Kräfte in rasendem Tempo gejagt worden ist, beginnt nach dem Rennen – gemäß der Schilderung Dr. Egenolfs „zu prusten und zu schnauben, der Schaum tritt ihm vor die Nüstern und in einer Masse von Flocken schnaubt es ihn weg. Der Körper beginnt innerlich von vorne bis hinten zu beben, und in dieser Zeit entledigt sich das Tier durch die außerordentlich gesteigerte Ausatmung der in seinem Blute anormal angereicherten Gifte und befreit sich gleichermaßen von dem durch die übergroße Anstrengung in ihm entstandenen Krampf. Nach kürzester Zeit schlägt das Herz dieses Tieres wieder völlig ruhig."
Noch ein zweites Beispiel aus dem Beobachtungsschatz Dr. Egenolfs: es handelt von Herrn Müller, einem starken

Raucher, und seinem Hündchen, das sich in eine Ecke der Stube verzieht, sobald die Qualmnebel aufsteigen. Wenn die Luft selbst Herrn Müller „zu dick" wird und das Herrchen einen Sprung ins Freie macht, um frische Luft zu „schöpfen", eilt das Hündchen voraus... In die Wohnung zurückgekehrt, ist das Tier frisch und der Mensch aber müde, obwohl sich Herr Müller ein paarmal mit frischer Luft vollgepumpt hat. Wie hat sich der Hund auf der Straße verhalten? Er hat – vollkommen unerklärlich für den Hundebesitzer, der ein überaus friedliches, harmloses Tier sein eigen nennt – jeden Passanten wild und verrückt angebellt, so daß sich die Menschen über den vermeintlich „bissigen" Hund beschwerten.

„Was hat sich bei beiden ereignet?" fragt Dr. Egenolf: „Der kleine Hund hat sich bellend, also gesteigert ausatmend, von seinem Krampf und Gift befreit. Herr Müller hat sich zu seinem Zimmerkrampf noch einen neuen auf der Straße hinzugeatmet."

Mit anderen Worten: der Mensch hat die Einatmung betont, der Hund aber instinktiv die Ausatmung.

> Verschwenderisch auszuatmen, ist also die Grundregel 1 der natürlichen Atmung.

Hinter der überhandnehmenden Ausatemhemmung, verraten uns die Tiefenpsycholgen, verbirgt sich die Unfähigkeit des modernen Menschen, herzugeben und sich aufzuschließen. Vorräte hamsternd und sich einigelnd läßt der Zivilisationsmensch seinen Atem schlaff versickern.

Ausatmen heißt: zurückweichen, geschehen lassen, sich preisgeben, sich ergeben, sich entgrenzen, sich verlieren, verströmen, sich leeren. Das alles fällt uns schwer. Wir haben eine unterschwellige Angst vor der Leere und vor der Hin-

gabe. Daher zögern wir, den Atem zu entlassen. Wir halten ihn fest. Wir machen zu.
Doch geben ist seliger als nehmen. Geben befreit.
Die Kampfkünstler des Ostens gewinnen ihre Energie in der Ausatmung: sie wissen, daß der Mensch am kraftvollsten ist im Moment des Ausatmens, und am schwächsten im Moment des Einatmens. Sie trachten daher, den Gegner am toten Punkt anzugreifen, wenn er am wehrlosesten ist: beim Einatmen.
Und im Ausatmen verliert der Mystiker und Weise sein Ich und gewinnt sein Selbst.
Ein paar Stimmen aus dem Chor der Atemkenner aus Ost und West:

○ „Viele seelische Hemmungen sind Folge von Überwiegen des Einatmens", stellt Dr. Schmitt fest. „Der das Schwergewicht auf den Atemeinzug legt, ist viel leichter beeinflußbar, weshalb die Hypnotiseure das Medium erst in Einatemzustand und zwar in den tiefstmöglichen versetzen. Ein solcher Mensch ist stärker beeindruckbar, wird von den auf ihn einstürmenden Erscheinungen überrannt und leidet demgemäß schwer unter der Last solcher von fremd- und außenher wirkenden Seelenwirrnis..."
○ Alexander Lowen, weltbekannter Arzt und Psychotherapeut, urteilt: „Dem Neurotiker fällt es schwer, ganz auszuatmen. Zur Sicherheit hält er seine Luft zurück. Ausatmen ist ein passiver Vorgang und entspricht dem ‚Loslassen'. Völliges Ausatmen heißt nachgeben, sich dem Körper ausliefern. Die Atemluft gehen zu lassen, wird als Aufgeben der Kontrolle erlebt, und gerade das fürchtet der Neurotiker."
○ „Im vollen Ausströmenlassen des Atems bekundet sich das Vertrauen zum Leben", versichert Karlfried Graf Dürckheim.
○ Und derselbe Autor deckt an anderer Stelle auf, warum

dem einatemorientierten „Ego“isten der spirituelle Pfad versperrt ist: „In seiner vertrauensarmen Ichbefangenheit glaubt er, alles selber machen und überwachen zu müssen, auch den Atem. Er läßt ihn nicht einfach kommen und ausströmen, sondern er zieht ihn ein und verstellt die volle Ausatmung durch einen Widerstand. Das heißt, er kann sich nicht hergeben. Diese unbewußte Atemblockade bedeutet also eine Blockade auf dem Weg, der immer wieder das Hergeben und Hingeben des Ichs erfordert.“

○ Der Arzt und Atemlehrer Dr. Schmitt schildert mit der beschwingten Kraft eines Dichters das Los der „in Überfülle zu Bettlern“ gewordenen Menschen, die den eingezogenen Atem stauen:

„Und die Schwermütigen, die Deprimierten (das sind die ‚Gedrückten‘), die Traurigen, die in sich zusammensinken, die Hoffnungslosen, die brusteingefallen dasitzen und deren Atem immer nur hineingeht und -drückt und -staut, ohne durchzufließen, ohne zu strömen, ohne zu fluten, und deren Tun Tod und deren Lassen lebendiges Elend ist, die stumpf sind und dabei wollen, aber nicht wie das leuchtende, lachende, liebende Leben, das da rast und braust und tost, sondern die wollen wie der stumme, bleierne Sumpf ohne Schein und Sonne, wie er müde, moorgequollen, satt und fett daliegt und wie sich alles Leben darin staut und stockt – was anderes ist ihre ganze Krankheit als ein mißliches Zuviel des Einatems gegenüber dem Aus? Sie schlucken alles in sich hinein, häufen es auf, und es ist ihnen zu sinnlicher Lust geworden, sich an dessen Fülle und an sich selbst zu quälen und an dem Druck des ewigen Ein ihres Atems zu hängen wie die Zecke an dem Leib des wunden Tieres...“

Allen Hysterikern empfiehlt er daher, zur Heilung den Atem ausströmen zu lassen.

○ Schließen wir den Zitatenreigen mit Dr. Heinrich Egenolf, dem bahnbrechenden Atempädagogen, der kurz und bündig klarstellt: „Ich sage, wer richtig, das heißt tief, zwanglos ergiebig ausatmen kann, atmet zu 80 % richtig.“

Die Ausatmung betonen – das heißt keineswegs die Einatmung vernachlässigen. Im Gegenteil. Je voller wir ausatmen, um so tiefer atmen wir ein. Die Einatmung ist gleichsam die Ernte der Ausatmung. Die Ausatmung gebiert die Einatmung.

Wir brauchen den Einatem nicht willentlich holen. Wir brauchen ihn nicht gewaltsam einziehen oder einsaugen. Er kommt von selbt. Wer von sich aus einatmet, nimmt dem Zwerchfell, wie sich die deutsche Atemlehrerin Margot Scheufele-Osenberg ausdrückt, „den Wind aus den Segeln“.

Der durch die tiefe Ausatmung in der Lunge geschaffene Unterdruck veranlaßt automatisch die Einatmung. Der Einatem kommt quasi als Zugabe zum Ausatem. Wir müssen ihm nicht nachhelfen. Wir müssen ihn entstehen lassen, ohne ihn zu forcieren uns von ihm überraschen lassen, ihn entgegennehmen – als göttliches Geschenk.

„Wo der Mensch sich im Ausatem voll hergeben kann, empfängt er sich erneuert zurück“ (Dürckheim).

Atemformeln, die das ergiebige, die Lunge säubernde und das Blut reinigende Ausatmen wecken, damit die krampfhaft gestaute Luft entweichen kann, sind z. B. die Methoden Nr. 3, 4, 6 – 11, 14, 15, 17, 25, 39, 40 und 41. Oder Litaneibeten. Denn das aus Bittrufen bestehende Wechselgebet ist nicht nur seelen- und geisterhebend, sondern gleichzeitig dem körperlichen Wohl bekömmlich – weil es die Ausatmung verlängert und vertieft.

Ein Merkspruch fürs Stammbuch:

Leere kommt vor Fülle –
Fülle will Leere.
Gib und nimm,
wie das Leben es will.

2. Heldenbrustkasten ist nicht erstrebenswert

Kaufleute und Geldmenschen neigen zur Tiefatmung, Büromenschen und Geistschaffer indessen zur Hochatmung, hat der Atemforscher Dr. Schmitt herausbekommen. Die Mittelatmung ist (war) anderseits Leitbild unserer Gymnastik. Der faßförmige Heldenbrustkasten gilt (galt) als Ideal des Militärs und des Turnunterrichts (Brust heraus, Bauch hinein!). Er widerspiegelt aber keineswegs Gesundheit, sondern Geltungsbedürfnis.

Welchen Teil der Lunge belüften Sie, wenn Sie normal atmen: den oberen, den mittleren oder den unteren?

Es gibt im Grunde drei Atmungsarten:

a) Hochatmung

Andere Benennungen: Schlüsselbeinatmung, Lungenspitzenatmung, Flachatmung.

Wer die Hochatmung praktiziert, atmet hauptsächlich in die oberen Lungenbereiche hinein. Er nutzt nur den kleinsten Teil der Lungenkapazität. In Angst, Bedrückung, Verspannung und Streß neigen wir alle zur ganz und gar unzureichenden kopfnahen Atmung. Wer aber gewohnheitsmäßig oben atmet – und dazu zählen in der Regel nicht nur Schreibtischmenschen, sondern ebenso weltabgewandte und materiell desinteressierte Menschen sowie Denker und Intellektuelle –, schwächt seine Vitalität und Nervenkraft und leidet unter anderem an Verdauungsstörungen und Verstopfung, an Migräne oder an Schlafstörungen. Die Hochatmung ist die oberflächlichste Atmung.

b) Mittelatmung

Andere Benennungen: Flankenatmung, Rippenatmung, Brustatmung.

Wer die Mittelatmung praktiziert – wobei sich der Brustkorb senkt und hebt –, aktiviert und füllt in erster Linie den mitt-

leren Lungenbereich. Die Atmung mit geschwellter Brust ist in unseren Breiten gang und gäbe, besonders bei Frauen. Sie ist stark geprägt von mangelhafter Ausatmung.
Übrigens unterstützt die Atmung durch den Mund die flache Brustatmung, während die Nasenatmung die Tief- bzw. Bauchatmung begünstigt.

c) Tiefatmung
Andere Benennungen: Zwerchfellatmung, Bauchatmung.
Wer die Tiefatmung praktiziert – wobei sich durch die Zwerchfellbewegungen die Bauchdecke wölbt und senkt –, aktiviert zwar hauptsächlich den unteren Lungenbereich, belüftet aber doch 2/3 der Lunge. Die Tiefatmung entfaltet demnach den größten Teil der Lunge – nur die Lungenspitzen hinter den kleinen Einbuchtungen unterhalb des Schlüsselbeins kommen zu kurz.

> Die 2. Grundregel der richtigen, das heißt natürlichen Atmung lautet also:
> Die Hauptrolle im Atemgeschehen spielt die Tiefatmung (Bauchatmung). Die Mittelatmung (Brustatmung) und die Hochatmung (Schlüsselbeinatmung) spielen Nebenrollen. Denn die Atemluft muß alle Lungengeschoße erreichen. Der Atemschwerpunkt ist jedoch der Bauch (das Zwerchfell).

Wir können die kombinierte Atmung *Volltiefatmung* nennen. Sie beansprucht jeden Winkel der Lunge vom Grund bis zur Spitze. Sie allein nützt die volle Lungenkapazität.
Die nach der tiefen Ausatmung einströmende Luft füllt zuerst den sich leicht aufblähenden Bauch (Becken- und Leistengegend), fließt vom Bauch in den Brustkasten hinauf, der sich dehnt, während sich die Rippen öffnen, steigt

schließlich bis zum Schlüsselbein und dringt bis zu den Achselhöhlen vor, so daß die Schultern sich heben und die Halswirbelsäule sich streckt.
Der 2. Grundpfeiler der Atemmeisterung ist also die Bauchatmung, aber nicht die einseitige, sondern die durch die Brust- und Spitzenatmung ergänzte Bauchatmung. Mit anderen Worten: die volle Tiefatmung. Übungsbeispiele sind etwa die Methoden Nr. 42, 49, 50, 52, 58, 67 und 68.
Der erste Schritt dazu ist die Erlernung der Bauchatmung, auf der die Betonung liegt, zum Beispiel durch die Methoden Nr. 20, 25, 41 und 76.

3. „Dies ist die erste Forderung jeder Atemkultur: den Atem lassen, ihn nicht wollen" (Schmitt).
Sobald wir unsere Atmung nach und nach korrigiert haben, orientiert an der Betonung der Ausatmung (Grundpfeiler 1) und der Bauchatmung (Grundpfeiler 2), ist es also geboten, den Atem nicht mehr zu „tätigen", sondern loszulassen (Grundpfeiler 3).
Lassen Sie dem Atem freien Lauf. Manipulation und willenliche Steuerung nimmt der Atem übel. Lassen Sie ihn in Ruhe. Er „will frei sein wie der Wind auf den Bergen und wie die Wasser des Meeres und wie die Wolken der Luft. Frei und nur verbunden mit der Stimme im All, die da ordnet" (Schmitt).
Der Königsweg zur Freigabe des Atems ist die Methode Nr. 1.
Geben Sie sich dem von der Natur gewollten Atem hin. Lassen Sie sich von ihm tragen.

> Machen Sie den Atem nicht selbt. Grundregel 3 heißt: Ich werde geatmet. Es atmet mich.

Die 3 Grundpfeiler der Naturatmung sind Start und Ziel unseres Atemtrainings, das auf den folgenden Seiten entfaltet wird.
Die vielerlei Regulierungsübungen, die unser Programm des Atemtrainings bietet, haben nicht das Ziel, Ihnen die willkürliche und gekünstelte Atemakrobatik von Fakiren beizubringen, sondern den Naturatem wiederherzustellen, zu festigen und zu vertiefen, den heilenden Naturatem, Spender von Wohlbefinden, Lebenskraft, Elan, Freude, Harmonie (Spannungsausgleich) und langem Leben.
„Durch richtiges Atmen ist direkt oder indirekt körperliche, gesundheitliche, ästhetische und seelisch-geistige Läuterung und Reifung des Menschen zu erreichen", faßte der Münchner Arzt und Vater der europäischen Atemkunde, Dr. J. L. Schmitt, zusammen.
Im folgenden präsentieren wir 80 sorgfältig ausgewählte und bewährte Methoden der Atemschulen des Westens und der Atemwissenschaften des Ostens.

2. Den Kopf schicken wir auf Urlaub

Spitzenmethode: Atemmeditation

Nicht das Buch, das Sie in Händen halten, lehrt Sie das richtige Atmen. Der einzige autorisierte Atemlehrer der Welt ist der Atem selber. Der Atem lehrt „dich und mich“ das Atmen.
Belauschen wir ihn, beobachten wir ihn, spüren wir ihn.

Methode Nr. 1: Atemwahrnehmung
Wir sitzen aufrecht und reglos, frei und leicht.
Wir konzentrieren uns auf den Atem, das heißt, wir binden unseren herumvagabundierenden Geist am Atemvorgang fest und stoppen damit unsere inneren Selbstgespräche. Sich anhaltend konzentrieren heißt meditieren. Wir meditieren also unseren Atem.
„Versenkt in die Wachsamkeit auf Einatmen und Ausatmen, ihr Freunde, pflegte der Erhabene während der Regenzeit zu verweilen“, heißt es von Buddha in einer östlichen heiligen Schrift (Samyutta-Nikaya).
Atemmeditation oder Atemwahrnehmung ist dem Osten sehr geläufig, im Westen bedarf sie einer näheren Erklärung.
Den Kopf schicken wir auf Urlaub. Er hat nichts zu kontrollieren oder zu überwachen, nichts zu beurteilen oder zu bewerten.
Atemwahrnehmung heißt nicht Atembeaufsichtigung.
Wir fühlen den schwingenden Atem, wie er durch die Nase streicht und über Rachen, Luftröhre, Bronchien und Lunge fließend in den Bauch sinkt und den Rumpf dehnt.
Wir verfolgen mit Hingabe das Einströmen wie das Ausströmen, das Füllen und das Leeren.

Wir sind ehrfürchtige Zeugen des wogenden Auf und Ab. Im Einatmen werden wir in den Himmel gehoben, im Ausatmen zum Erdmittelpunkt gezogen. Im Einatmen trägt uns der sich auftürmende Wellenkamm hoch, im Ausatmen gleiten und sinken wir ins Wellental. Wir sind wie Streichhölzchen auf den Meereswogen.

Wir registrieren aber nicht nur das Einfluten und Auswogen, sondern entdecken ebenso das Verweilen, die dritte Phase, wenn sich der Atem in der schöpferischen Pause erholt. Die besinnliche Atemstille (nach der Ausatmung) läßt uns Bodenkontakt gewinnen und wohlige Erdverbundenheit erfahren.

Man kann, worauf Dürckheim hinweist, die Atemphasen als Phasen persönlicher Verwandlung im spirituellen Prozeß des Umschmelzens vollziehen: „Am Anfang des Ausatmens steht das Sich-Loslassen, am Ende des Ausatmens steht das Sich-Niederlassen, in der Zeit zwischen dem Aus und Ein das Sich-Einswerdenlassen, und zum Einatmen gehört dann das Sich-Neukommenlassen."

Der Yogi erlebt seit eh und je den Einatem als Segnung Gottes und den Ausatem als seine Hingabe an Gott.

Wer sich dem Öffnen und Schließen, dem Hergeben und Empfangen, dem Kommen und Gehen der Atmung anheimgibt, wird, durchschwungen vom Lebenshauch, erfaßt vom universalen Rhythmus des Stirb und Werde oder des Yin und Yang, wie die Chinesen sagen würden. In seinem kleinen Herz spürt er das Pochen des unendlichen kosmischen Rhythmus, des großen Weltatems mit seinen periodischen Wechselerscheinungen der Natur: des Sonnenaufgangs und des Sonnenuntergangs, der Nacht und des Tags, des Wachens und des Schlafens, der Saat und der Ernte, des Sommers und des Winters, des Vollmonds und des Neumonds, der Ebbe und der Flut, des Regens und des Sonnenscheins, des Entstehens und des Vergehens.

Im Kontakt mit seinem Atem erlebt sich der Mensch eingebettet in das Weltganze, verbunden mit Makrokosmos und Mikrokosmos.

Der Weg dorthin weist freilich eine Hürde auf: die Neigung, uns in die Atmung einzumischen.

Selbst ein Zenmeister bekennt: „Seit 30 Jahren bemühe ich mich, meinem Atem bewußt zuzuschauen, ohne ihn zu stören."

Gewiß brauchen wir, denen es um den Gesundheitsatem geht, keinen so strengen Maßstab anzulegen wie ein Zenmönch, dem es um Erleuchtung und Wesensschau geht. Doch das Ich ist allemal bestrebt, in den Atem einzugreifen und zu kritisieren, was er falsch macht.

Wie es dem Anfänger ergeht, schildert Dürckheim sehr treffend:

„Obwohl er schon weiß, daß er es geschehen lassen soll, kann er die Mitwirkung des Ichs noch lange nicht ausschalten. Immer wieder leistet er dem ausströmenden Atem auf halbem Weg Widerstand und hilft dem einströmenden Atem halb willentlich einziehend nach. Es ist, als wagte er es nicht, sich im Ausatmen ganz herzugeben und als fürchte er sich, nicht genügend Luft zu bekommen, wenn er nicht selber nachhilft."

Also: lassen wir den Atem zu, während wir ihn wahrnehmen. Nehmen wir ihn an. Vertrauen wir ihm.

Den Ausatem halten wir weder zurück noch stoßen oder pressen wir ihn aus. Wir beschleunigen ihn nicht, wir lassen ihm die Zeit, die er sich nimmt.

Die natürliche Zeitpause nach der Ausatmung, den Übergang, warten wir geduldig ab, bis sich der Atem erholt hat und von selbst wiederkommt. Wir nehmen den Einatem nicht begierig vorweg. Die Atempause ist aber ebensowenig ein willentliches Atemanhalten bzw. Atemstauen.

Den Einatem kürzen und dehnen wir nicht eigenmächtig. Wir holen ihn nicht. Wir helfen ihm nicht nach. Wir schneiden ihn nicht ab. Wir lassen uns „inspirieren".

Verwirren wir also unseren Atem nicht, wenn wir ihm zuschauen.
In ein schönes Bild gekleidet hat der praktische Arzt Dr. Ulf Böhmig die Methode der Atemwahrnehmung: „Man soll dabei nicht die Atmung verändern wollen, sondern ist etwa in dem Zustand, in dem der Mensch ein scheues Reh beobachtet, das nah an ihm vorbeigrast und das er durch keine unvorsichtige Bewegung aufschrecken will. Er will es gewähren lassen, und ebenso sollte man seine Atmung gewähren lassen."
Das ist in einer Weise ein sehr treffender Vergleich: Wir sind passive, neutrale Beobachter, die aus einer gewissen Distanz dem Atemgeschehen aufmerksam zuschauen – mit einem „interesselosen" Wohlgefallen.
Anderseits aber hinkt der Vergleich, denn bei der achtsamen Atemwahrnehmung sind wir gleichzeitig im Atem anwesend. Wir stehen nicht außerhalb des Atems. Wir sind eins mit unserem Atem, wie jede Meditation darin besteht, daß Meditierender und Meditiertes sich miteinander verbinden.
Schwierigkeiten wie der Tausendfüßler, der infolge der Selbstbeobachtung „durcheinander" kommt und plötzlich nicht mehr weiß, wie er seine Beine bewegen soll, bekommen Sie nur, wenn Sie den Rat nicht befolgen, den Atem sich selbst zu überlassen. Sie müssen den Atem frei lassen. Sie müssen als Beobachter den Grundsatz befolgen: „Sehen, als sehe man nicht!"
Was passiert, wenn wir innig dem Atemwind lauschen?
○ Wer in seiner wiegenden und wogenden Atmung gesammelt ist, entdeckt erstens sich selbst.
„Das Spüren der Atmung ist das Fenster, durch das wir klar in die Tiefe unseres eigenen Selbst sehen können", schreibt der bekannte amerikanische Psychologe John Selby. Die Yogis und Zenmönche haben das immer schon gewußt.
Mit anderen Worten: durch einfache Atemwahrnehmung kommen wir in Fühlung mit unserer Lebenskraft, mit un-

seren Wurzeln, mit unserem Wesen. Wir tauchen gleichsam in die Unendlichkeit ein.
Ein chinesischer Meditationsmeister aus dem 6. Jahrhundert, Chi-Chi, bemerkt zur meditativen Atmung: „Nichts geschieht mit Zwang, keine Kraft wird angewendet. Man spürt nur die Ruhe des Atems, die ein Gefühl der Sicherheit und des Friedens im Bewußtsein auslöst. Diese stille Atmung führt uns zum Samadhi." (Samadhi = Zustand der Versenkung).
Derselbe Meditationsmeister beschreibt die Frucht bzw. die Ernte der Atemwahrnehmung folgendermaßen: „Es ist, als öffne man die Tür eines Speichers und würde eine Fülle von Sesamkörnern und Bohnen wahrnehmen. Dies erfüllt den Geist mit Staunen und Freude, mit Frieden und Ruhe, Stille und Entzücken."

○ Das zweite, was uns die Sammlung im Atem beschert: sie lenkt uns ins Hier und Heute. Der moderne Mensch ist meist in Gedanken verloren. Er pflegt sich aus der Gegenwart zurückzuziehen und verweilt gedanklich in der Zukunft oder in der Vergangenheit.
Der an Gegenwartsverlust leidende Mensch pendelt zwischen leidvollen oder seligen Erinnerungen einerseits und Befürchtungen oder Hoffnungen andererseits. Er verfehlt dadurch das Leben.
Buddha lehrte: „So du zerstreut bist, lerne auf den Atem achten!" Die meditative Atmung holt den schweifenden Geist zurück und läßt uns den Augenblick, der allein ewig ist, erleben.

○ Der dritte Punkt aber ist für uns, die wir auf der Suche nach dem richtigen/natürlichen/gesunden Atem sind, der allerwichtigste.
Wenn sich nämlich – in der Atemwahrnehmung – unser Bewußtsein mit dem Atem verbindet, besinnt sich der Atem auf sich selbst. Das ist eine unumstößliche Erfahrungstatsache, erprobt zu allen Zeiten und in allen Zonen.

Das heißt:

> In der selbstvergessenen Atemwahrnehmung werden wir aller unserer Atemfehlhaltungen und unbewußten Spannungen und Hemmungen inne, und nicht nur das.
> Der Atem ordnet sich selbt, entspannt sich, beruhigt sich, wird frei und tief. Die schlechten Atemgewohnheiten wenden sich zum Besseren. Der natürliche Atem pendelt sich ein und findet zum instinktiven rhythmischen Ablauf zurück – durch bloßes Anschauen.

Kein Wunder also, daß nicht nur der Osten auf die meditative Methode der Atemwahrnehmung schwört, sondern auch eine so erfahrene Atemlehrerin wie die Deutschamerikanerin Carola Speads bekennt: „Für mich persönlich ist das Bewußtseinsexperiment (so nennt sie die meditative Atemwahrnehmung) der Gipfel der Atemarbeit.“

3. Einen Regenschirm im Mund spannen

Naturatemmethoden wie Gähnen, Seufzen, Lachen und Schnuppern

„Von Herzen gähnen und lachen erfüllt alle Bedingungen einer guten Atem- und Stimmbildung“, sagt ein Wiener Experte, Professor Horst Coblenzer.
Die Naturatemmethoden zu pflegen befreit die Atmung. Natürliche Atemimpulse sind zum Beispiel Lachen, Singen, Pfeifen, Gähnen, Weinen, Seufzen, Stöhnen, Schreien, Kreischen, Keuchen, Schnuppern wie ein Hase, Schnüffeln wie ein Hund, Riechen, Blasen.
Jene Urformen der Atmung sind so wertvoll, daß es in den Atemschulen gang und gäbe ist, beispielsweise auf Kommando zu gähnen, zu seufzen und zu lachen.

Methode Nr. 2: Gähnen
ENERGIEMANGEL

Wenn unsere Atmung verflacht und versandet, zwingt uns die Natur – durch ein Zusammenziehen des Zwerchfells mit aller Gewalt – zum Gähnen, das einen kraftvollen Luftaustausch bewirkt und durch eine sich steigernde, gedehnte Einatmung für Sauerstoffnachschub sorgt.
Es ist daher schädlich, das Gähnen zu unterbinden, wie es die Anstandsregeln erfordern. Erlauben Sie sich zu gähnen, damit sich das gestörte Gleichgewicht zwischen Sauerstoff und Kohlendioxid im Blut wieder herstellen kann!
Sie können noch mehr tun, als sich dem Urreflex des Gähnens hinzugeben. Sie können genußvolles Gähnen bewußt herbeiführen und sich dadurch von erneuerndem Tiefatem erfüllen lassen.

Wir stellen uns breitbeinig hin, öffnen, die Kinnladen locker fallen lassend, den Mund wie ein Scheunentor. Beim Öffnen des Mundes und Weiten des Rachens stellen wir uns vor, einen „Regenschirm im Mund zu spannen“ (Prof. Coblenzer) oder einen Riesenkürbis zu verschlingen, bis sich der Gähnimpuls einstellt.
Gleichzeitig recken und strecken wir uns herzhaft – aufwärts, abwärts, seitwärts – mit gespannten Armen und geballten Fäusten.
Uriges Gähnen belebt und vertieft die Atmung, erfrischt, regt an, durchblutet das Gehirn gründlich.
Gähnen, eine Urform der Tiefatmung, lindert Nervosität, Lampenfieber und Prüfungsangst, Rastlosigkeit, Herzjagen, Schlafstörungen, Kopfschmerzen und die Beschwerden, die eine sommerliche Hitzewelle auslöst.

Methode Nr. 3: Seufzen

Des Seufzeratems bedient sich die Menschennatur, um Schock und Kummer abzuleiten.
Seufzen und Gähnen hilft gewohnheitsmäßig flach atmenden Menschen einmal kräftig durchzuatmen – durch hörbares tiefes und langes Aus- und schnelles Einatmen –, also die Sauerstoffnot zu lindern und damit zu überleben.
Wir sprechen von einem Seufzer der Erleichterung, der einen bedrückenden Seelenzustand plötzlich unterbricht – durch Dampfablassen. Seufzen und Stöhnen sind Ventile des inneren Drucks. Seufzen und Stöhnen enthemmen Stauungen.
Durch Seufzen auf Kommando mit verlängerter Ausatmung können wir in der Tat die Atemtiefe regulieren. Wenn wir uns des „Selbstheilmittels der Natur“, des Seufzens, bedienen, indem wir mehrmals hintereinander nach Seufzerart ausatmen, entlasten wir das Herz.
Während Jammern Herzkranke schwächt, ist zwangloses Seufzen eine Herzstärkung. Das Seufzen stimuliert die At-

mung und den Kreislauf und ist bei niedrigem Blutdruck, bei Angstzuständen, bei neurovegetativen Störungen wie psychosomatischen Krankkeiten und bei Gastritis einsetzbar.

Methode Nr. 4: Lachen
„Tanzen der Atmung“ wird das Lachen genannt. Paracelsus wußte schon, daß ein Hanswurst unter Umständen mehr bewirkt als zehn Ärzte.
Mit Hahaha durch den Mund auszuatmen, bis die Luft ausgeht, hält das Zwerchfell fit (wir sprechen nicht umsonst von zwerchfellerschütterndem Lachen). Schon ein heiteres Gesicht löst die Muskulatur, während eine düstere Miene die Muskulatur verkrampft.
Bei Energiemangel lädt uns die Hahaha-Atmung auf, aus Anspannung er-löst sie uns.

Methode Nr. 5: Schnuppern
Das rechte Nasenloch zuhalten und durch das linke Nasenloch den Duft eines wohlriechenden Öls schnuppern. Dann nach einer kurzen Atempause ausatmend die Luft durch das selbe Nasenloch ausstoßen. Nasenseite wechseln.
3mal.
Wir geben fünf Tropfen des ätherischen Öls auf den Handrücken und schnüffeln das Aroma vibrierend ein. (Siehe auch Seite 28).
Die Übung ist im allgemeinen angebracht bei Erkältungskranheiten sowie bei Konzentrationsstörungen.
Wenn wir einen Menschen als „duften“ Typ einstufen und einen anderen nicht „riechen“ können, so betonen wir den Zusammenhang zwischen Seele/Geist und Riechen. Aromatische Düfte und üble Gerüche beeinflussen in der Tat Gehirn und Gemüt. Das können wir bei der Atemübung ausnützen, indem wir Heilatmung und Aromatherapie verknüpfen.

Beispiele der Anwendung:

○ Minzöl: Asthma, Atemweginfektion, Bronchitis, Erkältung, Fieber, Grippe, Husten, Nebenhöhlenentzündung, Schnupfen, Mundgeruch, Begriffsstutzigkeit, Benommenheit, nervöse Erschöpfung, Konzentrationsschwäche, Kopfschmerzen, Lernschwäche, Reisekrankheit, gedankliche Verwirrung, Zerstreutheit.

○ Eukalyptusöl: Asthma, Atemweginfektion, Bronchitis, Erkältung, Fieber, Grippe, Halsentzündung, Husten, Lungenkrankheiten, Nebenhöhlenentzündung, Racheninfektion, Schnupfen, Tuberkulose, Antriebslosigkeit, Energiemangel.

○ Benzoe-Öl: Asthma, Atemweginfektionen, Bronchitis, Erkältungskrankheiten, Grippe, Husten.

○ Basilikumöl: Asthma, Bronchitis, Erkältung, Grippe, Keuchhusten, Angst, Begriffsstutzigkeit, Benommenheit, Depression, nervliche Erschöpfung, Konzentrationsschwäche, Migräne, Lampenfieber, Lernschwäche, Melancholie, Nervosität, Prüfungsangst, Reizbarkeit, Schlaflosigkeit, gedankliche Verwirrung.

○ Weihrauchöl: Bronchitis, Husten, Kurzatmigkeit, Schnupfen, Katarrh, Benommenheit, Depression, Fassungslosigkeit, Konzentrationsschwäche, Mutlosigkeit, Unlust, Willensschwäche, gedankliche Verwirrung.

4. Hund hetzen und Lokomotive spielen

Methoden der Lautatmung

Töne sind nach Schmitt „verkörperte Atmung".
Die Atmung mit Lauten zu verbinden – das gehört zu den ältesten und bewährtesten Methoden der Atemschulung.
Die naturwissenschaftliche Medizin hat inzwischen die mehrtausendjährige Erfahrung bestätigt und experimentell nachgewiesen, daß Töne den Menschen in Schwingungen versetzen, die den Schwingungen bestimmter Organe und Prozesse des Körpers gleichen, so daß die Lautatmung zur Heilung, Anregung und Kräftigung erkrankter Körperteile und zur Aufladung und Aktivierung des Gesamtorganismus optimal geeignet ist. (Übrigens beeinflussen Klänge, Laute und Töne nicht nur Menschen und Tiere, sondern ebenso Pflanzen).
Bei der Lautatmung sprechen, tönen, summen, singen, denken oder betrachten wir also einen Laut. Der Atem verschmilzt gleichsam mit dem Laut, der Schwingungen und bioelektrische Potentialveränderungen erzeugt, die einerseits die Heilung bestimmter Krankheiten und Organstörungen fördert, und anderseits die Atmung vertieft sowie entspannt oder stimuliert, die Atemmuskulatur stärkt und das Lungengewebe elastisiert. Lautatmung überwindet die Atemträgheit.

Vokalatmung

Beginnen wir mit der Vokalatmung, zumal die Selbstlaute die besten Klangträger sind.
Gemeinsam ist der Vokalatmung – das heißt der Ausatmung auf „a", „e", „i", „o"oder „u", daß sie die Ausatmung verlängert und dadurch die Einatmung vertieft, also alles in allem

die Atmung bedeutend ergiebiger gestaltet, daß sie körperliche, geistige und seelische Spannungen wohltuend lockert, die Durchblutung stimuliert, die inneren Organe regeneriert, Schnupfen und Erkältungen bekämpft, Vitalität bei Erschöpfung und Erschlaffung spendet, das Selbstvertrauen bei Minderwertigkeitsgefühlen hebt und die Stimmung bei Depression erhellt.

Methode Nr. 6: „a"
Nach langsamer, müheloser, voller Einatmung atmen wir durch den Mund schleppend auf ein langgezogenes „a" aus. Der Körper ist dabei entspannt.
10mal.
Hilft besonders gegen Kopfweh (besonders dann, wenn wir gleichzeitig die Kopfhaut durch Muskelspiel zu bewegen suchen). Ferner wirkt die „a"-Vibration günstig auf das Herz. Wenn wir beim Ausatmen des „a" den Mund wie ein Scheunentor öffnen, das heißt aufspreizen, und einen richtigen Gähnanfall imitieren, uns dabei herzhaft streckend wie eine eben aufgewachte Katze, so dürfen wir damit rechnen, Hals-, Rachen- und Lungenbeschwerden (speziell Asthma, Bronchitis und Tuberkulose) sowie Rippenfellentzündungen zu lindern, Angst und Verkrampfung zu lösen, Spannungen zu entladen und Müdigkeit bzw. Schläfrigkeit zu bezwingen.
5mal wiederholen.

Methode Nr. 7: „e"
Die Ausatmung auf „e" (10mal) erzeugt eine Vibration, die sich günstig auf die Schilddrüse auswirkt, deren Hormone maßgeblich den Stoffwechsel bestimmen.

Methode Nr. 8: „i"
Die Ausatmung auf „i" (10mal) ruft eine Vibration hervor, die die Hirntätigkeit und den Denkvorgang günstig beeinflußt und wohltuend auf Nase, Gaumen und Kehle wirkt.

Methode Nr. 9: „o"

Die Ausatmung auf „o" (10mal) bewirkt eine Vibration, die die Bauchorgane und das Sonnengeflecht aktivieren. Sie hilft also zum Beispiel bei Verdauungsstörungen und bei vegetativen Störungen. Sie ist lebensverlängernd, weil sie vorzeitiges Altern bremst.

Eine spezielle O-Atemübung (Nr.9a) gegen Rheuma:

Wir halten nach der Einatmung den Atem kurz an und beugen in der Atempause den Oberkörper ruckartig nach links und nach rechts, die Fäuste geballt in der Achselhöhle. Die Ausatmung auf „o" durch den Mund erfolgt diesmal scharf und abgerissen bzw. stoßweise.

7mal. Beim letztenmal bewegen wir in der Atempause den Rumpf nicht, schütteln aber dafür das vom Rheumatismus befallene Glied schwungvoll.

Methode Nr. 10: „u"

Die Ausatmung auf „u" (und „o") läßt den Atemstrom am stärksten anschwellen, ist also für die Atemvertiefung im Rahmen der Vokalatmung am geeignetsten.

Die gesungene „u"-Ausatmung wirkt außerordentlich beruhigend, lockernd, entspannend, krampflösend...

Die durch die verlängerte „u"-Ausatmung geschaffene Vibration stärkt in erster Linie die Unterleibsorgane, ist also zum Beispiel bei urogenitalen Beschwerden hilfreich, ebenso bei Magen-, Leber- und Milzproblemen. Sie unterstützt im Kampf gegen überflüssige Pfunde. Es wird ihr ferner „lebensverlängernde" Wirkung zugeschrieben.

Konsonanten-Atmung

Methode Nr. 11: „f"

Als wollten wir eine Kerze ausblasen, lassen wir den Atem durch den leicht geöffneten Mund langsam, aber kraftvoll auf ein fortlaufendes „f" ausströmen. Während die Luft

mit fffffffff entweicht, lassen wir Schultern und Kopf nach vorn sinken. Beim langsamen Einatmen durch die Nase erheben wir den Kopf und beugen ihn nach hinten.
5mal.
Die Übung erhält bzw. macht das Zwerchfell, den wichtigsten Atemmuskel, spannkräftig. Zudem kräftigt sie schwache Lungenspitzen.
Die „f"-Lautatmung löst Schleim und schafft Erleichterung bei Asthma, Bronchitis und Katarrh.

Methode Nr. 12: „m"
Die gesungene „m"-Ausatmung (emmmmmmmmmm) stärkt die Konzentrationsfähigkeit und belebt das Denkvermögen.
Eine Variante der „m"-Ausatmung (Nr.12a) ist die: wir atmen diesmal durch die Nase aus, bei geschlossenen Lippen, mit dem gleichmäßigen Summton „m".
Die „m"-Vibration fördert das Gleichgewicht und hilft bei Schwindel, Übelkeit und Reisekrankheit.

Methode Nr. 13: „n"
Die gesungene „n"-Ausatmung (ennnnnnnnnn) lindert Schnupfen und Nasennebenhöhlenbeschwerden.

Methode Nr. 14: „ß"
Wenn wir zischend wie eine Schlange mit einem langgezogenen scharfen „s" durch den Mund ausatmen (sssssssss...) – ohne allerdings die Luft explosionsartig hinauszupressen –, treffen wir viele Fliegen auf einen Schlag.
Die Übung – die wir 5mal hintereinander durchführen – befördert die normalerweise in der Lunge zurückbleibende Luft ins Freie, ist also ein mächtiger Atemimpuls. Dazu kommt, daß die Bauchmuskel aktiviert werden, die Atmung verstärkt zu unterstützen. Die ß-Methode energisiert also den gesamten Atemapparat und macht der flachen Atmung den Garaus.

Die Lautatmung „Zischende Schlange“ ist therapeutisch wirksam besonders bei: Kreislaufschwäche, niedrigen Blutdruck, Herzbeschwerden, Frieren bzw. Frösteln, mangelnder Widerstandskraft, Energieschwäche, Entkräftung, Überanstrengung, Apathie, Willensschwäche, Trägheit, Schlaffheit, Schläfrigkeit/Schlafmangel, Schwindel, Übelkeit, Seekrankheit, Unlustgefühlen, Depression, außerdem bei Eßsucht.

Kombinierte Lautatmung

Methode Nr. 15: „OM“

„OM“ ist das majestätische Kraftwort des Orients. „OM“, so erläutert der indische Literaturnobelpreisträger Rabindranath Tagore, „ist der vollkommenste Laut, der die Ganzheit der Dinge darstellt und das symbolische Wort ist für das Ewige.“ Es bedeutet gleichzeitig „Ja“.

Die OM-Atmung ist die unvergleichliche, die vollendete Lautatmung.

Wir atmen zügig-locker ein und singen oder summen ausatmend die Silbe OM, phonetisch zerlegt in A-O-U-M:

Ein Viertel der auszuatmenden Luft verbrauchen wir mit dem Laut „A“, das zweite für den Laut „O“, das dritte für den Laut „U“ und das letzte für den Laut „M“.

Eine andere Version: 2/3 der Ausatemluft verwenden wir für „O“, 1/3 für „M“.

Wenn wir vibrierend auf OM ausgeatmet haben, stellt sich ein natürlicher Lufthunger ein, und wir atmen spontan und leicht ein.

Die OM-Atmung – 8mal hintereinander ausgeführt – läutert Geist und Seele und beschenkt uns mit friedvoller Ausgeglichenheit. Sie verscheucht Angst und Schüchternheit und besiegt Depression, sammelt den Geist bei Zerstreutheit und Konzentrationsschwäche. In der Yoga-Vasishta, einer indischen heiligen Schrift, lesen wir: „So wie ein Feuerfunke ein ganzes Feld voll trockenen Grases in Brand stecken kann und binnen Minuten das ganze Feld in Flammen steht, so entzündet das heilige Wort OM die spirituellen Anlagen des Schülers, die bis dahin schlafend in ihm verborgen lagen." Körperlich und nervlich erfüllt uns die OM-Atmung mit Vitalität. Sie hilft gegen allerlei Krankheiten, sogar gegen Stottern.

Methode Nr. 16: „cheh"

Einatmen und nach einer besinnlichen Atempause mit „cheeeeeeeeeeh" durch den Mund ausatmen.
10mal.
Hilfreich bei Halsbeschwerden und Mandelentzündungen sowie bei Katarrh. Ebenso bei Stimmbandreizung.

Methode Nr. 17: „fft"

Nach langsamer Einatmung spielen wir Dampflokomotive, indem wir mit gespitztem Mund auf „fft-fft-fft-fft-fft" ausatmen, schubweise pustend, bis alle Luft durch das halboffene „Mundventil" entflossen ist.
10mal.
Hilfreich bei Asthma, Bronchitis und Lungenbeschwerden sowie bei Streß und Magersucht. Die forcierte Ausatmung beschleunigt die Entgiftung des Körpers.

Methode Nr. 18: „hhhaaahhh"

Den Laut „hhhaaahhh" nennt der amerikanische Therapeut John Selby den Laut der Kraft. Es ist der Löwenlaut, der Angreifern und Herausforderern signalisiert: „Ich bin bereit!"
Nach Selby dient die Löwenlautatmung dazu, die „eigene Stärke mit der Stimme auszudrücken."
Wir stehen mit gespreizten Beinen abwehrbereit und zeigen die Zähne. Den Mund aufreißend, atmen wir aggressiv aus: hhhaaahhh.
5mal.

Die barbarisch anmutende Lautatmung hilft uns, auf menschenfreundliche Art und Weise unseren natürlichen Kampfinstinkt zu entlasten und anderseits, uns der Angstgefühle zu entledigen.
Selbys Löwenlautatmung macht uns Mut bei Feigheit, Furchtsamkeit, Verzagtheit und Bangigkeit und läßt uns die eigene Kraft spüren.

Methode Nr. 19: „hih"
Einatmen und nach einer Atempause mit „hiiiiiiiiih" durch den Mund ausatmen.
10mal.
Hilfreich bei Sexualstörungen. Die „hih"-Vibration aktiviert überdies die Lungenspitzen.

Methode Nr. 20: „kss-kss" oder „psch-psch"
„Hund hetzen" und „Hühner scheuchen" nennt Atemlehrer Dr. Heinrich Egenolf folgende Übung:
Wir atmen durch zweimaliges ruckweises Schnüffeln ein – Brust hoch. Mit anderen Worten: wir nehmen eine „Doppelbrise Luft". Dann atmen wir stoßweise aus mit den Lauten „kss-kss" (als ob wir einen Hund hetzten) oder „psch-psch" (als ob wir Hühner wegjagten). Dabei lassen wir den Brustkorb fallen.
Ein paarmal.
Die Methode läßt das Zwerchfell gleichsam hüpfen, sie aktiviert und mobilisiert also das Zwerchfell. Eine Idealübung zur Anregung und Stärkung der Bauchatmung.

Methode Nr. 21: „luh"
Einatmen und nach einer Atempause mit „luuuuuuuuuh" durch den Mund ausatmen.
10mal.
Hilfreich bei Unterleibsbeschwerden und Verdauungsstörungen. Regt die Darmtätigkeit an.

Methode Nr. 22: „mah“
Einatmen und nach einer Atempause mit „maaaaaaaaah“ durch den Mund ausatmen.
10mal.
Hilfreich bei Kopfschmerzen und Kopfbrummen sowie bei Nervosität, innerer Unruhe, Gereiztheit und Übererregbarkeit.

Methode Nr. 23: „ng“
Die gesungene „ng“-Ausatmung (ennnggg) durchblutet den Rachen (ist also gut für Mandel und Stimmbänder) und kommt uns zu Hilfe bei Ohrenbeschwerden.

Methode Nr. 24: „ruh“
Einatmen und nach einer Atempause mit „ruuuuuuuuuh“ durch den Mund ausatmen.
10mal.
Äußerst wirksam gegen Verstopfung.

Methode Nr. 25: „sch-sch-sch“
Das Lokomotive-Pusten propagiert die Sportpädagogin und Heilpraktikerin Hiltrud Lodes.
Wir atmen schubweise auf „sch-sch-sch-sch-sch...“ aus, solange, bis uns die Luft ausgeht.
Die Übung kräftigt die Atemmuskel, betont die Ausatmung und vertieft die Bauchatmung, alles Voraussetzungen richtigen, das heißt natürlichen Atmens.

Methode Nr. 26: „t(h)u-p(h)u“
Die Einatmung erfolgt (wie bei Übung Nr. 20) durch Einschnüffeln. Dabei wölbt sich der Bauch heraus, um dem sich senkenden Zwerchfell Platz zu machen. Dann ziehen wir den Bauch ein, so daß sich der Brustkasten automatisch hebt und die Luft nach oben fließt. Die Ausatmung erfolgt zügig, das heißt, nicht abgehackt, auf die Silben „thu-phu“. Dabei senkt sich der Brustkasten.

Ein paarmal.
Die Übung, von Dr. Egenolf übermittelt, versetzt uns in einen Zustand der Gelöstheit, hilft also gegen Verspannung, Verkrampfung und Erstarrung.

Methode Nr. 27: „woh"
Einatmen und nach einer Atempause mit „woooooooooh" durch den Mund ausatmen.
10mal.
Die Übung stärkt das Herz. Dr. Schmitt verweist dabei auf den instinktiven Oh-Seufzer von Patienten, deren Herzkraft nachläßt. Die „woh"-Methode ist außer bei Herzschwäche noch bei allen neurovegetativen Störungen hilfreich, denn sie wirkt auf das Sonnengeflecht.

Die chinesische Tradition der Heilatmung mit Stimmeinsatz stützt sich auf sechs Silben, deren Klang wir in westlicher Umschrift ungefähr wiedergeben. In der Volksrepublik China wird die Lautatmung im Fernsehen propagiert und in den Krankenhäusern fleißig praktiziert. Die angegebenen Wirkungen der den Meridianen folgenden Vibrationen sind durch moderne Untersuchungen der naturwissenschaftlichen Medizin in China bewiesen.
Jede Übung 6-, 12- oder 18mal ausführen.

Methode Nr. 28: „hsü" bzw. „chü"
Dr. Zöller: „Der Vokal ‚ü' wird jedoch nicht mit spitzen Lippen gebildet, wie das in europäischen Sprachen üblich ist, sondern die Lippen sind locker breit geöffnet, die Zunge liegt am Mundboden."
Die Ausatmung durch den Mund auf die chinesische Silbe hsü (chü) beeinflußt den Lebermeridian günstig, der bei den Funktionen der Leber und des Stoffwechsels eine große Rolle spielt, auf die Geschlechtsorgane und die Augen einwirkt sowie auf den Nasen- und Rachenraum, die Bron-

chien und den Magen-Darm-Trakt. Sogar die Muskeln haben mit dem Lebermeridian zu tun. Im Seelisch-Geistigen dient er uns, beispielsweise Reizbarkeit und Zorn zu zügeln und anderseits ein phlegmatisches Gemüt in Bewegung zu bringen.

Methode Nr. 29: „k'o" bzw. „kho"

Dr. Zöller zum Vokal „O": „Man öffne den Mund weit, die Zähne so weit auseinander, daß zwei Querfinger zwischen die Zähne passen. Die Lippen werden sehr breit geöffnet, so daß ein eindeutiger Vokal nicht gebildet werden kann; er liegt zwischen a, o und e. Die Zungenspitze auf dem Mundboden weit nach rückwärts gebogen."

Die Lautatmung mit der chinesischen Silbe k'o (kho) beeinflußt den Herzmeridian günstig, der in der chinesischen Heilkunde nicht nur für die Herztätigkeit, die Gefäße und die Blutverteilung zuständig ist, sondern gleichzeitig Geist und Seele kontrolliert.

Die Übung gleicht zum Beispiel Teilnahmslosigkeit aus und leistet bei Sehstörungen gute Dienste. Sie hilft außerdem bei Kopfschmerzen.

Methode Nr. 30: „hu"

Bei der Benutzung des Lautes „hu" sind nach Dr. Zöller „die Lippen zu einer engen Röhre gerundet".

Die Lautatmung mit der chinesischen Silbe hu beeinflußt den Milzmeridian günstig, dem die Funktionen der Milz und der Bauchspeicheldrüse obliegen, der anderseits für Blutbild und Bindegewebe Verantwortung trägt und in den Intellekt eingreift. Zudem kann er herangezogen werden bei Frauenleiden, bei Durchfall und Blähungen, Hämorrhoiden und Krampfadern, bei allgemeiner Schwäche, Schläfrigkeit und unruhigem Schlaf (zum Beispiel Alpträumen). Er dient ferner der Fiebersenkung und der Bekämpfung des Fröstelns.

Methode Nr. 31: „ssä“ bzw. „ssû“

Dr. Zöller: „Beim ‚ssä‘ stehen die Zähne fest zusammen, die Zungenspitze vor dem Zahnspalt. Das ssä strömt rechts und links von den Zungenrändern durch die Lippen heraus.“
Die Lautatmung mit der chinesischen Silbe ssä (ssû) beeinflußt den Lungenmeridian günstig, der naturgemäß in erster Linie für die Funktionstüchtigkeit der Atmungsorgane und Luftwege verantwortlich ist, also beispielsweise bei Schnupfen, Heiserkeit, Bronchitis oder Asthma hilfreich ist. Selbst bei Tbc. Überdies ist die Stimulierung des Lungenmeridians – durch die „ssä“-Lautatmung – nützlich bei Anfälligkeit für Erkältungskrankheiten und Grippe sowie bei Hautkrankheiten und – im seelisch-geistigen Bereich – bei Melancholie und Depression.

Methode Nr. 32: „ch'ui“ bzw. „tchui“

Die Lautatmung mit der chinesischen Silbe ch'ui (tchui) beeinflußt den Nierenmeridian günstig, der die Fortpflanzung regiert und mit den Funktionen der Nieren, der Harn- und Geschlechtsorgane sowie des Kreislaufs zu tun hat, aber ebenso nützlich ist bei Verdauungsbeschwerden und Störungen des Atemapparats und zur Vorbeugung von Erkältungskrankheiten. Im Seelisch-Geistigen kommt er uns zustatten bei Angst, nervlicher Erschöpfung, Depression und Schlaflosigkeit.

Methode Nr. 33: „hsi“ bzw. „chiii“

Die Lautatmung mit der chinesischen Silbe hsi (chiii) beeinflußt den Meridian „Dreifacher Erwärmer“ günstig, der nach chinesischer Heilkunde die Funktionen der Lunge, des Verdauungstraktes und der Geschlechtsorgane belebt, also gegen vielerlei Beschwerden genutzt werden kann, besonders aber gegen rheumatische Krankheiten der Muskeln, Gelenke und Nerven. Zudem hilft die „hsi“-Schwingung die Funktionen der Speiseröhre, des Magens und des Urogenitalsystems zu normalisieren.

5. Helles Licht und düstere Wolke

Atemmethoden, verbunden mit Gedankenkraft

Daß die Gedankenkraft Krankheiten einerseits hervorrufen und anderseits heilen kann, wußte schon der Vater der abendländischen wissenschaftlichen Medizin, der vorchristliche Grieche Hippokrates (ca. 460 bis 370).
Im Zusammenwirken mit Gedankenkraft kann die Atmung zum „Wunderdoktor" werden. Wir können vielfach Gesundheit ein- und Krankheit wegatmen.

Methode Nr. 34: Reinigung
Eine tibetische Version der Methode der reinigenden Atmung, die traditionsbewußte fromme Tibeter allmorgendlich durchführen:
Wir sind – nach tibetischer Anschauung – innerlich verschmutzt erstens durch Feindseligkeit, Groll, Ekel, Haß, Unzufriedenheit, Unmut, Grauen, die uns von etwas wegstoßen, zweitens durch Sehnsüchte, Süchte, Begierden, Gelüste, Vorlieben, die uns an etwas festhalten lassen, und drittens durch Unwissenheit, die uns verwirrt.
Die reinigende Atmung ermöglicht es, die durch jene Gefühle und Geisteshaltungen bedingte Innenweltverschmutzung zu beseitigen.
○ Wir atmen langsam und tief durch das linke Nasenloch aus (den rechten Nasenflügel halten wir dabei zu). Den durch das linke Nasenloch fließenden Ausatem stellen wir uns als trübgrauen Strom vor: er enthält alle Gefühle und Geisteshaltungen, die uns von etwas wegstoßen.
Nach kurzer Atemstille atmen wir durch beide Nasenlöcher ein.

○ Dann atmen wir durch das rechte Nasenloch tief und langsam aus (den linken Nasenflügel halten wir dabei zu). Den durch das rechte Nasenloch fließenden Ausatem stellen wir uns als trüben dunkelroten Strom vor: er enthält alle Gefühle und Geisteshaltungen, die uns an etwas festhalten lassen.
Nach kurzer Atemstille atmen wir durch beide Nasenlöcher ein.
○ Schließlich atmen wir durch beide Nasenlöcher zusammen langsam und tief aus. Den durch beide Nasenlöcher fließenden Ausatem stellen wir uns als trüben dunkelblauen Strom vor: er enthält alle unsere Verwirrungen.
Wir beginnen von vorn.
3mal.

Eine westliche Version der Reinigungsatmung: Wir sitzen bequem.
○ Den beidseitigen Einatmen stellen wir uns als weißen frischen Strom oder als helles Licht vor: er enthält Kraft und Saft, Energie, Seelenstärke, Lebenslust und Lebensmut, Urbehagen. Wir visualisieren also den Einatem als wahre „Inspiration".
○ Den beidseitigen Ausatem stellen wir uns als grauen Strom vor oder als düstere Wolke: er trägt alles Beschwerliche, Hemmende und Krankmachende davon, Staub, Bazillen, Sorgen, Zorn, Ängste, Haß, Eifersucht...
5mal.

Die Reinigungsatmung, die östliche wie die westliche, befreit uns von Ungeduld, Aggressivität, nervlicher Erschöpfung, Schwindelgefühlen, Herzunruhe, Unzufriedenheit und allen anderen Haltungen und Zuständen, die unseren Atem durcheinander bringen und eine Menge psychosomatischer Störungen auslösen. Sie normalisiert den Blutdruck, ist herzstärkend und kreislaufbelebend.

Methode Nr. 35: Innerlich lächeln

Die Atmung mit einem inneren Lächeln zu beflügeln, heißt gewiß nicht, äußerlich zu grinsen oder eine Maske für Zahnpastareklame aufzusetzen. Ein Lächeln umspielt aber unsere Lippen. Kiefer und Zunge sind entspannt.

Wir vermählen den Atem mit einem inneren Lächeln und lassen uns prickelnd durchfluten und verwandeln.

Der mit dem inneren Lächeln vereinigte Atem beschwingt, er löst Freude und Zufriedenheit aus und verleiht uns Leichtigkeit. Er besiegt Melancholie und nervliche Zerrüttung, entspannt die inneren Organe, entkrampft die organischen Prozesse und entfesselt Lebensenergie, die uns bei allgemeiner Schwäche zustatten kommt und allerlei Krankheiten gar nicht zum Zug kommen läßt. Wer seinen Organen mit dem Atem ein inneres Lächeln sendet, hat – laut daoistischer Medizintradition – ein langes, glückliches Leben zu erwarten.

Methode Nr. 36: Durch die Augen atmen

„Mag sich der Mensch noch so abgrenzen – der Atem verbindet ihn mit allen und jedem“, stellt der Therapeut Thorwald Dethlefsen fest. „Die Atemluft verbindet uns alle miteinander, ob wir es wollen oder nicht.“ „Luft verbindet, Denken trennt“, lautet ein chinesisches Sprichwort.

Der Atem zwingt uns, Verbindung aufzunehmen mit der Welt außerhalb unserer Haut.

Kontaktscheu, Menschenfeindlichkeit usw. beengen daher naturgemäß die Atmung.

„Zur Verminderung angstbezogener Atemmuster“ empfiehlt der amerikanische Psychologe und Verhaltensforscher John Selby seine Methode „Atmen durch die Augen“.

Wir schaffen uns das Vorstellungsbild, daß wir nicht durch die Nase, sondern durch die Augen ein- und ausatmen.

Im Einatem durch die Augen lassen wir mit der Luft voll Vertrauen und Hingabe die Außenwelt in uns eindringen. Wir lassen die Umwelt visuell in uns hinein.

Im Ausatem durch die Augen senden wir mitteilsam unsere Gegenwart mit allen Gefühlen wie Wut und Liebe, Freude und Trauer nach draußen.
Die Atmung durch die Augen hilft Schüchternheit, Feigheit, Menschenfurcht, Weltflucht, Einsamkeit, Mißtrauen, Zugeknöpftheit, Lebensfremdheit und dergleichen im Zaum zu halten. Und sie fördert – nach Selby, einem Fachmann für Augentraining – Klarsichtigkeit und verhindert Kurzsichtigkeit.

Methode Nr. 37: Energiemantel
Wenn wir nach einer esoterischen Methode mit Gedankenkraft den Ausatem jeweils als Energieausstrahlung visualisieren, die aus der Mitte des Atemmeeres unterhalb des Nabels austritt, verdichtet sich der Ausatem im Lauf der Übung mit jedem Atemzug in unserer Vorstellung zu einem weißen Nebel, der uns nach und nach umhüllt und eine undurchdringliche, feinstoffliche, nur dem geistigen Auge sichtbare Schutzmauer gegen äußere Angriffe bildet. Einen „Energiemantel weben“, heißt das in esoterischen Kreisen.
Die Aura zu stärken, ist natürlich bei jeglicher Abwehrschwäche gegen physische wie geistige Gefahren anzuraten. Die Übung soll Übererregbarkeit wie Furchtsamkeit dämpfen und Depression und Nervenschwäche beheben.

Methode Nr. 38: Heilenergie lenken
Wenn wir den Atem mit seiner heilenden und lösenden Kraft vermöge des voll konzentrierten Gedankens in das Körpergebiet senden, das erkrankt ist bzw. schmerzt, und den Atem mit dem „wunden Punkt“ verbinden, können wir Beschwerden wegatmen. Lassen wir also in unserer Vorstellung den durchströmenden Heilatem sich ausbreiten und an der betreffenden bzw. betroffenen Stelle sein Werk tun. Dann wird bei jeder Ausatmung ein „Stückchen“ des Leidens fortgetragen.
Eine Viertelstunde lang üben.

6. Mit Strohhalm und Telefonbuch

Atemmethoden mit Hilfsmitteln

Methode Nr. 39: Strohhalm im Mund

Wie können wir die unzureichend entleerten Lungen von der gestauten, verbrauchten Luft befreien? Durch verlängerte und vertiefte Ausatmung, die durch die Strohhalm-Methode bestmöglich geschult wird.
Wir atmen – aufrecht sitzend mit erhobenem Kopf – durch einen Trinkhalm (bzw. ein Röhrchen) im Mund sanft und gleichmäßig aus. Weil die Luft nur eine enge Passage vorfindet, wird die Ausatmung automatisch verlängert und die ausgeschiedene Luftmenge summarisch gesteigert, so daß reichlichem Sauerstoffgewinn nichts mehr im Wege steht.
Zu beachten ist, daß wir die Ausatemluft nicht durch den Strohhalm pressen, drücken oder blasen: sie muß mühelos fließend entweichen.
Das läuft bei Anfängern nicht wie geschmiert.
„Zuerst fühlte es sich so an, als müßte ich durch drei Decken hindurch atmen, und jetzt, nach nur zehn Minuten Arbeit, ist es nur mehr eine Decke", so beschrieb ein Schüler der Atempädagogin Carola Speads seine ersten Erfahrungen mit der Strohhalmausatmung.
Die Einatmung erfolgt durch die Nase.
Zu Beginn üben wir fünf Minuten, später eine Viertelstunde.

Wer ohne Strohhalm auskommen will, aber dasselbe erreichen möchte, kann sich der sogenannten *„Lippenbremse"* (Methode Nr. 39a) bedienen, einer Methode, die darin besteht, gegen den Widerstand der Lippen auszuatmen.
Wir spitzen die Lippen und lassen die Luft in kleinen Men-

gen durch die schmale Lippenöffnung ausströmen. Nur keine explosive Entladung.

Beide Übungen – die Strohhalmmethode und die Lippenbremse beruhigen den Atemfluß und halten das Zwerchfell geschmeidig. Sie helfen Patienten, die an Asthma, Bronchitis oder Lungenemphysem leiden, die Ausatmung zu entstören. Sie dämpfen seelische Hochspannung, Nervosität, Übererregung und Ruhelosigkeit, lösen körperliche Verkrampfung, lindern Schlafschwierigkeiten, machen andererseits Schläfrige munter. Sie helfen bei Kopfschmerzen sowie bei Hitzebeschwerden. Wer zuviel ißt oder raucht, mag versuchen, sein Laster durch die Experimente der Strohhalmausatmung bzw. der Lippenbremse zu zügeln.

Methode Nr. 40: Kerzenflamme ausblasen
Die entgiftende tiefe Ausatmung pflegen wir genauso durch das sogenannte Kerzenexperiment.
Wir stellen in 1 Meter Entfernung eine brennende Kerze auf und blasen die Flamme aus.
10mal.
Wenn es uns erst in einem Abstand von einem halben Meter gelingt, die Kerze (oder ein entflammtes Streichholz) auszublasen, bedürfen wir doppelten Eifers.

Oder wir üben *„Suppe blasen"* (Methode Nr. 40a), eine mildere Version der Ausatemschulung.
Wir atmen normal durch die Nase ein und atmen durch den wie zum Pfeifen gespitzten Mund aus, und tun dabei so, als würden wir einen Löffel heißer Suppe blasend kühlen.
10mal.

In beiden Fällen erreichen wir Ruhe und Gelassenheit, was uns zum Beispiel bei Schlafschwierigkeiten zugute kommt. Die ausgleichende Wirkung der Übungen verschafft uns zugleich Erfrischung bei Schlappheit und Schläfrigkeit. Die

Methoden „Kerzenflamme ausblasen“ und „Suppe kühlen“ fördern geistige Klarheit und steigern die Merkfähigkeit und die Konzentrationskraft. Dank der durch die Übungen erzielten Verbesserung der Ausatmung bringen sie Erleichterung bei Asthma, Bronchitis und Lungenemphysem.

Methode Nr. 41: Telefonbuch auf dem Bauch

Wir legen uns gelöst auf den Rücken und atmen mit einem Telefonbuch (oder einem anderen entsprechend schweren Gegenstand) auf dem Bauch. Die Last soll uns freilich nicht dazu verleiten, die Atmung nach oben in die Brust zu verlagern. Es kommt darauf an, mit der Bauchmuskulatur gegen den Widerstand anzuatmen und das Gewicht zu heben, so daß das Zwerchfell gestärkt und mobilisiert und die gründliche Ausatmung trainiert wird. Die Telefonbuchmethode vergrößert die Atemleistung erheblich.
5mal hintereinander.

7. Daumen gegen Daumen...

Atemmethoden, verbunden mit Massage

Methode Nr. 42: Druck der Fingerkuppen

Die Berliner „Atemprofessorin" Dr. Ilse Middendorf hat herausgefunden, daß das Atemgeschehen auf Fingerkuppendruck anspricht.

Wenn wir zum Beispiel die Ringfingerkuppen der beiden Hände gegeneinander drücken – oder die Kleinfingerkuppen –, beleben und vertiefen wir die Atmung im *unteren* Atemraum (Beckenbereich bis Nabel).

Drücken wir hingegen Mittelfingerkuppe gegen Mittelfingerkuppe, so lösen wir Atemimpulse im *mittleren* Atemraum (vom Nabel bis zur Brustkorbmitte) aus.

Das Gegeneinanderdrücken der beiden Zeigefinger sowie der beiden Daumen belüftet indes den *oberen* Atemraum (von der Brustkorbmitte bis zum Kopf).

Wenn wir alle Fingerkuppen gegeneinander pressen – Daumen gegen Daumen, Zeigefinger gegen Zeigefinger, Mittelfinger gegen Mittelfinger, Ringfinger gegen Ringfinger und Kleinfinger gegen Kleinfinger – intensivieren wir alle Atembewegungen.

10 Atemzüge lang.

Methode Nr. 43: An die Brust klopfen

Eine Atemmethode, die sich als Muntermacher bei seelischem und körperlichem Tief bewährt, übermittelt die Atempädagogin Speads: das Beklopfen der Brust bei normaler Atmung. Klopfinstrument ist die schwach gewölbte Hand.

Die linke Seite des Brustkorbes beklopfen wir mit der rechten Hand – zonenweise. Reihenfolge:

Zone 1: Brustkorb unterhalb des Schlüsselbeines.

Zone 2: Bereich oberhalb des Schlüsselbeines (jedoch nicht mehr den Hals).
Zone 3: Brustkorbseite/Flanke (von der Achselhöhle bis zur letzten Rippe).
Zone 4: Rückenhälfte – soweit wie möglich. Wir greifen mit der Klopfhand unter der Schulter durch und über die Schulter hinweg. Wenn uns ein(e) Partner(in) behilflich ist, kann die gesamte Rückenhälfte abgeklopft werden.
Wenn wir mit dem Beklopfen der linken Seite des Brustkorbes fertig sind, bearbeiten wir die rechte Seite in der gleichen Reihenfolge, diesmal mit der linken gewölbten Hand.
„Es fühlt sich an, als ob nur die beklopfte Seite atmen würde", urteilen Schüler der Atemlehrerin Speads über den spürbaren Unterschied zwischen den Brusthälften beim Atmen. Oder: Die beklopfte Zone ist „mehr da", sie ist „lebendiger".
Zone 5: Nachdem die beiden Brustkorbhälften beklopft sind, wird zum Schluß auf die 5. Zone „gehämmert": das Brustbein. Hämmern ist stärker als klopfen. Daher bilden wir mit der Hand eine Klaue, die von oben nach unten und von unten nach oben auf das Brustbein pocht.
Dauer der Übung: Fünf Minuten bei normaler Atmung.
Die erholsame Übung macht quicklebendig bei Erschöpfung, Energiemangel, Schlappheit, Schlafmangel, Schläfrigkeit, Niedergeschlagenheit.
Sie bringt den Kreislauf in Schwung und erwärmt bei Frösteln und Frieren.

Methode Nr. 44: Kopfpresse
Wir nehmen den Kopf zwischen die Hände. Einatmend pressen wir den Kopf beidseitig. Den Atem anhaltend erhöhen wir den Druck noch. Ausatmend lassen wir locker und entspannen.
3mal.
Die Übung hilft nach Dr. Schmitt gegen Schwindel und Schwäche.

Methode Nr. 45: Kniepresse
Wir setzen uns auf den Boden und ziehen das linke Bein an. Das Knie umfassen wir mit den verschränkten Händen (Abb.). Wir atmen ein. Die Luft anhaltend, drücken wir das Knie fest zusammen. Dann lassen wir locker und atmen dabei aus.
8mal.
Anschließend umklammern und pressen wir – in der Atempause nach dem Einatmen – das rechte Knie. Ebenfalls 8mal.
Die Kniepresse hilft, den Herzschlag zu harmonisieren (bei Herzstolpern) und den Blutdruck zu normalisieren. Sie ist unter anderem bei Herz- oder Kreislaufschwäche und bei Durchblutungsstörungen angezeigt.

Methode Nr. 46: Schwamm ausdrücken
Wir liegen auf dem Rücken mit angezogenen Knien, die wir mit beiden Armen umschlingen. Beim Einatmen lassen wir sie locker, beim Ausatmen pressen wir sie an die Brust, „als ob wir einen Schwamm ausdrücken wollten“ (Marietta Till).
10mal.
Die Atemmethode „Schwamm auspressen“ bzw. „Knie umarmen“ hilft bei Lungenproblemen wie Asthma oder Bronchitis, bei Verdauungsschwäche, Kreislaufstörungen, Schnup-

fen und Erkältung sowie bei Bandscheibenbeschwerden. Sie regeneriert die inneren Organe. Zudem fördert sie die Entgiftung und stärkt die Immunabwehr, weil sie das Lymphsystem anregt.

Methode Nr. 47: Kopf zurechtrücken
Wir sitzen aufrecht im Fersensitz, den Kopf gerade. Dann plazieren wir die linke Handfläche am linken Unterkiefer und die rechte Handfläche auf der linken Seite der Schädeldecke.
Während wir ausatmen, drückt die rechte Hand den Kopf nach rechts unten und die linke Hand den Kopf nach links oben (Abb.).
Beim Einatmen richten wir den Kopf wieder auf.
Schließlich wechseln wir die Hände und drücken – ausatmend den Kopf nach links unten.
Nach jeder Seite 3mal.
Die Übung schützt vor dem Halswirbelsäulensyndrom, Nackenschmerzen und steifem Hals.

Methode Nr. 48: Klopfen
Wir sitzen im Schneidersitz und legen die Hände (Handrücken) in Nierenhöhe auf den Rücken (Abb.). Während wir ruhig ein- und ausatmen, klopfen wir 8mal hintereinander leicht gegen den Rücken.
Mehrmals am Tag.
Die Übung lindert Rheuma, Gicht, Ischias und Hexenschuß.

8. Zwischen Sonnengruß und Katzenbuckel

Atemmethoden, verbunden mit Bewegung

Der Atem wächst an der Bewegung. Bewegungsmangel zeitigt Flachatmung. Also: nicht Lifte und Rolltreppen benutzen, sondern Treppen steigen usw.
Zudem bewähren sich Atemmethoden, gekoppelt mit Bewegung, wobei sich die Bewegung nach der Atmung und nicht die Atmung nach der Bewegung zu richten hat.
Die Paradebeispiele der Atemgymnastik stammen aus dem Osten.

Methode Nr. 49: Sonnengruß
Die in zwölf Takten ausgeführten, ineinander übergehenden indischen Bewegungsübungen, die von fünf tiefen Atemzügen begleitet werden, sind der Gipfel der lebenskraftsteigernden Atemgymnastik.

1. Takt: Wir stehen aufrecht, gelöst, und falten die Hände vor der Brust wie zum Gebet (Abb. 1).
2. Takt: Einatmend heben wir die Arme himmelwärts über den Kopf. Dabei beugen wir den Oberkörper leicht zurück (Abb. 2).
3. Takt: Ausatmend beugen wir den Oberkörper – die Beine bleiben gestreckt – nach vorn. Die Nase stößt an die Knie, die Hände berühren den Boden (Abb. 3).
4. Takt: Einatmend strecken wir das rechte Bein zurück. Das linke Knie beugt sich. Die Arme sind gestreckt, die Hände auf den Boden gestützt. Kopf hoch. Wir gleichen einem Sprinter vor dem Start (Abb. 4).

5. Takt: Ausatmend setzen wir das linke Bein neben das rechte und heben das Gesäß. Den Kopf lassen wir hängen. Der Körper bildet, gestützt auf Arme und Beine, einen Berg bzw. einen Katzenbuckel (Abb. 5).
6. Takt: Den Atem anhaltend, senken wir den Körper, bis Hände, Zehen, Knie, Brust und Kinn (nicht aber Schenkel und Bauch) den Boden berühren. Das Gesäß bleibt leicht angehoben (Abb. 6).
7. Takt: Einatmend strecken wir die Ellbogen durch und biegen Oberkörper und Kopf zurück. Brust heraus. Hohlkreuz (Abb. 7).
8. Takt: Ausatmend heben wir das Gesäß und lassen den Kopf locker hängen (Abb. 8). Stellung wie bei Übung 5.
9. Takt: Einatmend setzen wir das rechte Bein abgewinkelt nach vorn und strecken das linke Bein nach hinten. Kopf hoch (Abb. 9). Stellung wie bei Übung 4, Beine jedoch umgekehrt.
10. Takt: Ausatmend strecken wir die Beine und beugen den Oberkörper nach vorn, bis die Hände den Boden erreichen (Abb. 10). Stellung wie bei Übung 3.
11. Takt: Einatmend stellen wir uns aufrecht, erheben die Hände über den Kopf und bilden ein leichtes Hohlkreuz (Abb. 11). Stellung wie bei Übung 2.
12. Takt: Ausatmend legen wir die Hände vor der Brust zusammen und entspannen uns (Abb. 12). Stellung wie bei Übung 1.
Mindestens einmal täglich.
Der Sonnengruß mit tiefer und bedachtsamer Atmung vitalisiert uns bei Müdigkeit, Schwäche und Erschöpfung. Er schützt uns gegen Krankheitserreger, weil er unser Abwehrsystem aktiviert. Er stärkt das Herz und dämpft Herzunruhe. Er fördert den Kreislauf. Er kurbelt die Verdauung an, überwindet Stuhlträgheit und bringt Erleichterung bei Blähungen. Er korrigiert Fehlhaltungen und lindert Wirbelsäulenbeschwerden sowie Ischias. Hexenschuß beugt er vor.

Selbst bei Mandelentzündung und Halsleiden soll der Sonnengruß gute Dienste leisten.
Im nervlich-seelischen Bereich hält er Nervosität, innere Unruhe, Prüfungsangst und Lampenfieber in Schach.
Alles in allem hilft uns der Sonnengruß, vorzeitiges Altern fernzuhalten.

Die Acht Schätze

Acht Übungen, je acht mal hintereinander ausgeführt, bilden eine chinesische Bewegungsserie, „Acht Schätze" oder „Acht Brokatstücke" genannt. Die Schätze harmonisieren den Organismus und aktivieren den körpereigenen Abwehrmechanismus. Sie laden Körper, Geist und Seele mit Lebensenergie auf, stabilisieren das vegetative Nervensystem, korrigieren Fehlhaltungen und nützen unter anderem bei Stoffwechselstörungen, Gicht, Rheuma und Arthritis. Jeder einzelne „Schatz" hat aber eine spezielle Wirkung.
Ausgangsstellung:
Wir stehen aufrecht, die Fersen berühren einander. Die Arme hängen seitlich locker herab. Wir entspannen uns.

Methode Nr. 50: Den Himmel mit den Händen stützen

Erstes Brokatstück:
Während wir langsam tief einatmen, vollziehen wir folgende Bewegungen:
Wir heben beide Arme gleichzeitig hoch und verschränken die Finger über dem Kopf, mit den Handflächen nach unten, drehen die Handteller nach oben, heben die Fersen vom Boden ab und strecken die Arme, als ob wir mit den verschränkten Handflächen den Himmel stützen wollten (Abb.).
Während wir tief ausatmen, kehren wir langsam in die Ausgangsstellung zurück, lassen die Arme

seitlich nach unten sinken und setzen die Fersen auf dem Boden auf.
8mal.
Wirkungen: Lebenskraft- sowie Abwehrsteigerung, Herzstärkung, Kreislaufbelebung, Blutdrucknormalisierung, Konzentrationsförderung, Verdauungsunterstützung (z. B. bei Stuhlträgheit und Blähungen).

Methode Nr. 51: Den Bogen spannen wie beim Adlerschießen
Zweites Brokatstück:
Ausgangsstellung. Dann machen wir mit dem linken Bein einen Schritt zur Seite, gehen in die Knie (Reithaltung) und kreuzen vor der Brust die Arme (linker Arm innen, rechter Arm außen). Die Finger sind geöffnet. Der Oberkörper bleibt aufrecht.

Während wir langsam und tief einatmen, vollziehen wir folgenden Bewegungsablauf: Wir ballen die Hände zu Fäusten, strecken einerseits den linken Arm nach links aus, den Zeigefinger und den Daumen spreizend – den Kopf drehen wir nach links mit –, und ziehen anderseits gleichzeitig den abgewinkelten rechten Arm mit geballter Faust nach rechts – alles in allem ahmen wir die Bewegungen eines Bogenschützen nach (Abb.).
Nun wiederholen wir die Übung nach der anderen Richtung. Während wir langsam und tief ausatmen, kehren wir in die Ausgangsstellung zurück, machen diesmal mit dem rechten Bein einen Schritt zur Seite, beugen die Beine zur Reithaltung und kreuzen die Arme vor der Brust (diesmal rechter Arm innen, linker Arm außen). Im Zuge der Einatmung wiederholen wir die oben beschriebenen Bewegungen des Bogenspannens, allerdings seitenverkehrt. Das heißt: wir zielen nach rechts.

8mal hintereinander, abwechselnd nach links und nach rechts zielend.
Wirkungen: Das zweite Brokatstück ist hilfreich bei Verdauungsproblemen (wie Mundgeruch, Sodbrennen, Blähungen, Magenschwäche, Gastritis, Darmkatarrh, Durchfall, Verstopfung, Hämorrhoiden) und bei Herz-Kreislauf-Störungen (es stärkt das Herz, belebt den Kreislauf und normalisiert den Blutdruck). Es erhöht die Widerstandskraft gegen Infektionskrankheiten.

Methode Nr. 52: Einen Arm heben
Drittes Brokatstück:
Ausgangsstellung, die Füße jedoch in schulterbreitem Abstand.
Beim Einatmen heben wir den rechten Arm mit aufwärts gedrehtem Handteller über den Kopf und winkeln das Handgelenk ab, so daß die Handinnenfläche zum Himmel zeigt, die Finger weisen nach links. Schließlich strecken wir den rechten Arm durch, während wir die linke Hand (Handfläche nach unten, Fingerspitzen nach vorn) nach unten drücken (Abb.).

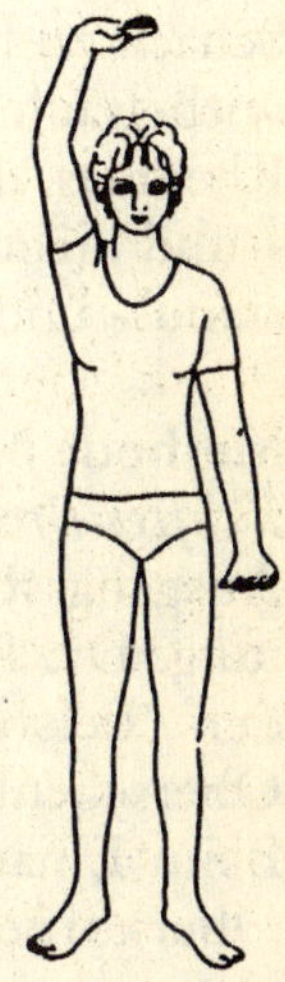

Beim Ausatmen kehren wir in die Ausgangsstellung zurück.
Wir wiederholen die Übung, jedoch seitenverkehrt.
Insgesamt 8mal.
Wirkungen: Mit dem dritten Brokatstück behandeln wir unter anderem Nacken- und Rückenschmerzen; Kreislaufschwäche und Durchblutungsstörungen, Herzschwäche, Herzjagen, zu hohen oder zu niedrigen Blutdruck; Verdauungsschwäche, Magenstörungen, Blähungen sowie Funktionsstörungen der Leber, der Galle und der Milz. Ferner Abwehrschwäche.

Methode Nr. 53: Nach hinten schauen
Viertes Brokatstück:
Ausgangsstellung.
Beim Einatmen drehen wir – bei unbewegten Schultern – langsam den Kopf nach rechts, so weit als möglich, und blicken nach hinten (Abb.).
Beim Ausatmen kehren wir in die Ausgangsstellung zurück.
8mal, abwechselnd nach rechts und links blickend.
Wirkungen: Die Chinesen bedienen sich des 4. Brokatstückes beispielsweise, um Vergeßlichkeit in Schach zu halten, Augenleiden fernzuhalten, Halswirbelsäulenbeschwerden zu lindern und sich des Rheumas, der Gicht und der Arthritis zu erwehren – und nicht zuletzt, um ihre körpereigenen Widerstands- und Abwehrkräfte zu aktivieren.

Methode Nr. 54: Köpfeln
Fünftes Brokatstück:
Ausgangsstellung. Dann Reithaltung. Die Hände stützen wir bei den Leistungsbeugen auf die Oberschenkel.
Beim Einatmen beugen wir den Oberkörper nach vorn und machen, das rechte Bein durchstreckend, mit dem Kopf eine kreisförmige Bewegung von unten nach links oben – wie beim Köpfeln eines Balls (Abb.).

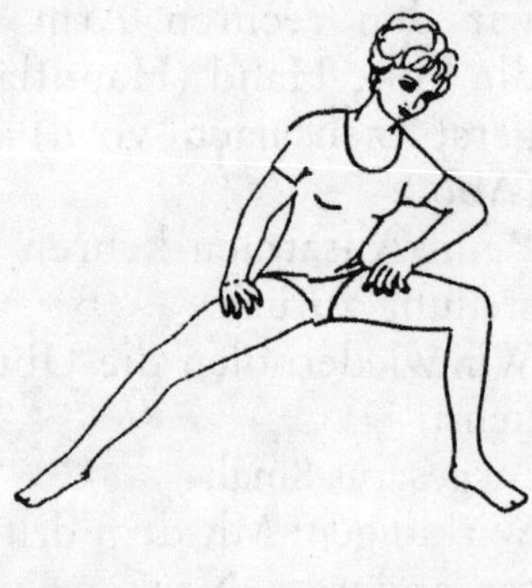

Beim Ausatmen kehren wir in die Ausgangsstellung zurück.
8mal, abwechselnd nach links und nach rechts köpfelnd.
Wirkungen: Mit dem Köpfeln beruhigen die Chinesen das erregte Herz, wie sie sagen, das heißt, sie halten damit alle Symptome der Nervosität in Schach, inklusive Schlaflosig-

keit. Die Übung entspannt Geist und Seele und verscheucht Ärger und Aufregung. Wie alle Brokatstücke unterstützt das Köpfeln unser Immunsystem.

Methode Nr. 55: Zehen ergreifen

Sechstes Brokatstück:
Ausgangsstellung. Ausatmend beugen wir den Oberkörper – bei gestreckten Beinen – langsam nach vorn und fassen mit den Händen die Zehen (Abb.).

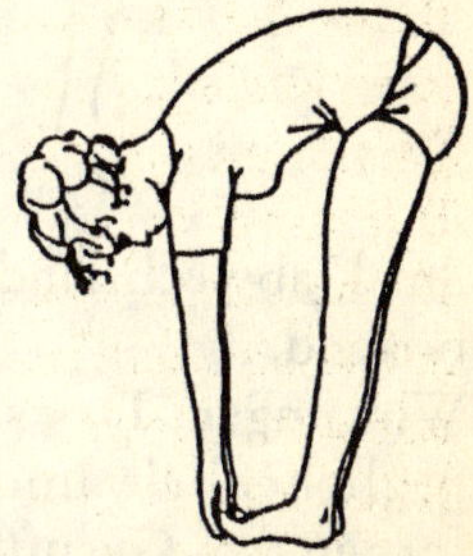

Einatmend kehren wir in die Ausgangsstellung zurück.
Der 2. Teil des 6. Brokatstückes besteht darin, ausatmend den Körper langsam nach hinten zu beugen, während wir die beiden Handrücken in Nierenhöhe auf den Rücken legen.
Einatmend kehren wir in die Ausgangsstellung zurück.
8mal, sich abwechselnd nach vorn und nach hinten beugend.
Wirkungen: Neben der Steigerung der Abwehrkräfte erzielen wir mit dem 6. Brokatstück positive Effekte auf die Augen, die Muskeln und die Gelenke, die Lungen und die Nieren.

Methode Nr. 56: Faust ballen und mit Tigerblick schauen

Siebtes Brokatstück:
Reiterstellung einnehmen (gebeugte Knie, weitgegrätschte Beine) und in Hüfthöhe die Hände – mit den Innenseiten nach oben – zu Fäusten ballen (Abb. a).
Schnaubend ausatmend, stoßen wir mit der linken Faust nach vorn und reißen dabei die funkelnden Augen wie ein Tiger auf. Die Faustinnenseite wird bei der Streckung des Arms nach unten gekehrt (Abb. b).
Einatmend ziehen wir die Faust zurück und nehmen wieder die Reithaltung ein.

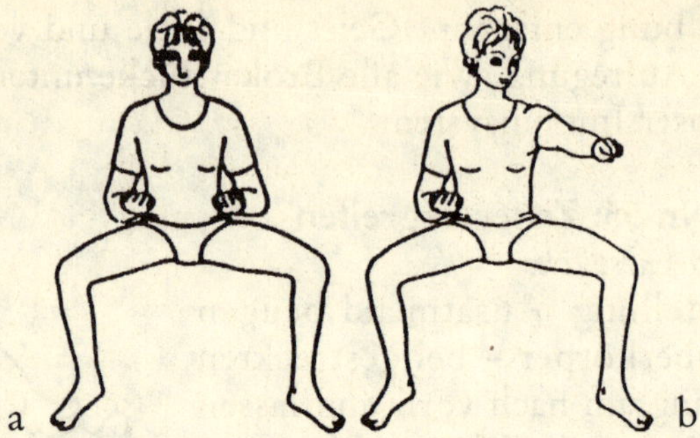

8mal, abwechselnd mit der linken und mit der rechten Faust boxend.
Wirkungen: Das siebte Brokatstück fördert die innere Ausgeglichenheit und leitet Aggressionsgefühle ab. Es dient ferner der Gesunderhaltung der Augen, der Stärkung des Herzens, der Belebung des Kreislaufs, der Stabilisierung des Blutdrucks und der Ausschaltung des Schwindels. Ebenso suchen die Chinesen durch die Übung, den Nacken- und Kreuzschmerzen, dem Gelenkrheumatismus, dem Asthma, dem Lungenemphysem sowie der Konzentrationsschwäche beizukommen. Und natürlich ist sie ein Baustein beim Auf- und Ausbau des Immunsystems.

Methode Nr. 57: Die Fersen vom Boden abheben

Achtes Brokatstück:
Ausgangsstellung.
Während wir einatmen, heben wir die Fersen vom Boden ab und stellen uns auf die Fußspitzen. Gleichzeitig strecken wir den Kopf nach oben.
Während wir ausatmen, kehren wir in die Ausgangsstellung zurück.
8mal.
Wirkungen: Die Übung steigert die Abwehrkräfte und arbeitet der Vergeßlichkeit entgegen.

Methode Nr. 58: Adler

Bei der chinesischen Adler-Atemübung stehen wir aufrecht mit leicht geöffneten Beinen. Die Arme fallen seitlich herab. Wir entspannen und lockern den ganzen Körper.

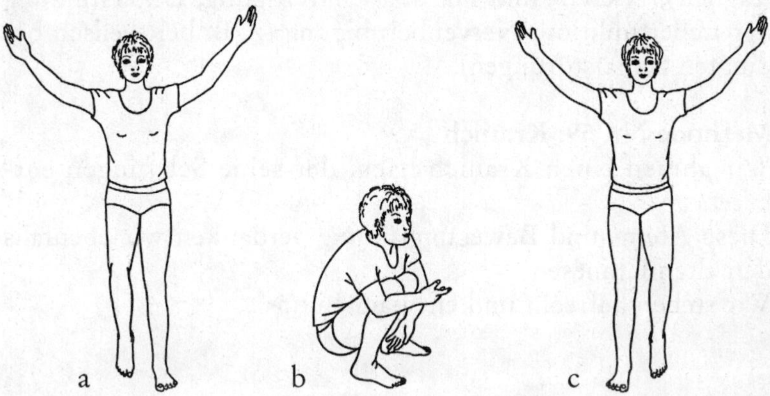

a b c

1. Die tiefe und langsame Einatmung begleiten wir mit folgendem Bewegungsablauf: Wir heben – mit den Handflächen nach oben – die Arme seitlich hoch und machen mit dem linken Fuß einen Schritt nach vorn, der rechte Fuß folgt dem linken einen halben Schritt und berührt mit den Zehen den Boden (Abb. a).
2. Die tiefe und langsame Ausatmung begleiten wir mit folgenden Bewegungen: Wir ziehen den rechten Fuß zum linken heran und gehen, die Arme langsam senkend, in die tiefe Hocke (wobei die ganze Fußsohle den Boden berührt), kauern uns zusammen und kreuzen die Unterarme vor den Knien (Abb. b).
3. Beim nächsten Einatmen erheben wir uns und führen die unter 1 beschriebenen Bewegungen aus, aber jeweils mit dem anderen Fuß (Abb. c).
4. Beim nächsten Ausatmen führen wir die unter 2 beschriebenen Bewegungen aus, aber mit dem jeweils anderen Fuß. Insgesamt 10mal.

Wirkungen: Herzstärkung, Kreislaufbelebung (z. B. bei Schwindelgefühl), Blutdrucknormalisierung, Dämpfung von Herzunruhe, Atemvertiefung und Lungenreinigung (z. B. bei Asthma und Bronchitis), Verdauungsförderung (bei Stuhlträgheit), Nieren- und Harnblasenkräftigung, Unterstützung der Leberfunktion, Nervenberuhigung (z. B. bei seelisch bedingten Schlafstörungen).

Methode Nr. 59: Kranich

Wir ahmen einen Kranich nach, der seine Schwingen entfaltet.

Diese Atem- und Bewegungsübung verdanken wir ebenfalls den alten Chinesen.

Wir stehen aufrecht und entspannen uns.

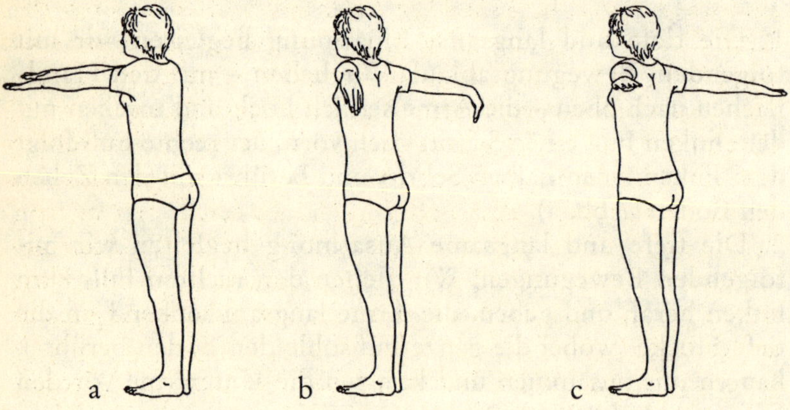

a b c

Runde 1: Einatmend heben wir die Arme nach vorn bis in Schulterhöhe (Abb. a). Ausatmend senken wir die Arme.

3mal Arme strecken, 3mal Arme hängenlassen.

Runde 2: Wenn wir zum vierten Mal beim Einatmen die Arme nach vorn strecken, senken wir sie beim Ausatmen

nicht mehr, sondern drehen sie soweit wie möglich nach hinten. Dabei bleiben sie waagrecht ausgestreckt. Nur die Hände lassen wir hängen (Abb. b).
Beim neuerlichen Einatmen strecken wir die Hände (Abb. c), beim Ausatmen lassen wir sie herunter hängen. Jeweils 3mal. Beim vierten Ausatmen lassen wir die Arme sinken und beginnen abermals mit der Runde 1.
Wir führen die Runde 1 und 2 je 3mal aus.
Wirkungen: Der Kranich fördert die Verdauung (z. B. bei Stuhlträgheit), unterstützt das Herz-Kreislauf-Gefäß-System (z. B. bei Herzunruhe, Schwindelgefühl oder Blutdruckanomalie) und regt die Funktionen der Lunge (z. B. bei Asthma oder Bronchitis), der Leber und der Nieren an. Er begünstigt gesunden Schlaf und bremst vorzeitiges Altern.

Methode Nr. 60: Tiger

Der altchinesische Arzt Hua Tuo, der vor 2000 Jaren die Krankheitsbezeichnung „Die hundert Übel" geprägt hat – sie entsprechen in etwa den Symptomen der vegetativen Dystonie –, empfiehlt gegen deren Folgen die Tigerübung:
Wir stehen mit leicht gespreizten Beinen, einen Fuß schräg vor dem anderen. Wir neigen den Oberkörper in den Hüftgelenken nach vorn und senken den Kopf, den wir zur Seite drehen. Die Arme strecken wir mit zu Fäusten geschlossenen Händen schräg nach vorn aus. So gleichen wir dem Tiger, der die Vorderpfoten hebt, um zum Sprung anzusetzen (Abb. a).
Jetzt atmen wir tief ein und halten den Atem an. Mit angehaltenem Atem richten wir im Zeitlupentempo den Oberkörper auf, den Kopf nach vorn drehend und die gestreckten Arme mit geschlossenen Fäusten über den Kopf erhebend (Abb. b).
Bei aufgerichtetem Körper „verschlucken" wir den Atem, das heißt, wir machen eine Schluckbewegung und stellen uns vor, daß der Atem langsam tiefer und tiefer sinkt bis zum

„Ozean des Atems", den die Chinesen drei Fingerbreit unterhalb des Nabels lokalisieren.
Schließlich stoßen wir den Atem durch den Mund aus, während wir die Finger wie Tigerkrallen spreizen (Abb. c).
Täglich nach dem Aufstehen 7mal.

a b c

Hilfreich bei vegetativer Dystonie und den von ihr hervorgerufenen Leiden wie Schlaflosigkeit, Nervosität, Niedergeschlagenheit, Appetitmangel, Kopfweh, Migräne, Wetterfühligkeit, Konzentrationsstörungen, Allergiebereitschaft, Leistungsschwäche, Schweißausbrüche, Händezittern, Schwindel, zu hoher oder zu niedriger Blutdruck, Herzrhythmusstörungen, Reizblase, Verdauungsbeschwerden usw.

Methode Nr. 61: Erwachen der Insekten
Wir sitzen im Schneidersitz und erheben die Hände mit ineinanderverschränkten Fingern in Brusthöhe (Abb.). Dann flattern wir bei zusammengepreßten Händen mit den Ell-

bogen wie ein Vogel oder ein Insekt, bevor sie aus ihrem Nest bzw. Schlupfwinkel fliegen. „Erwachen der Insekten" nennen die Chinesen die Übung, die dazu dient, Kraft zu gewinnen.

Nützlich bei allgemeiner Schwäche, Schläfrigkeit, Antriebslosigkeit, Teilnahmslosigkeit, Leistungsabfall, Frühjahrsmüdigkeit, Melancholie.

Methode Nr. 62: An einer Wand

Wir liegen auf dem Rücken, nahe an einer Wand, damit wir die erhobenen gestreckten und gekreuzten Beine an der Mauer abstützen können (Abb.).

Einatmend erheben wir Gesäß und Kopf und ziehen dabei den Anus zusammen, als ob wir Stuhl und Urin zurückhalten wollten.

Ausatmend kehren wir in die Ausgangslage zurück zur Entspannung und Lockerung der Muskulatur.

Wirkungen: Die Übung hilft vor allem bei Beschwerden der Harnblase und der Harnwege. Sie stärkt die Beckenbodenmuskeln.

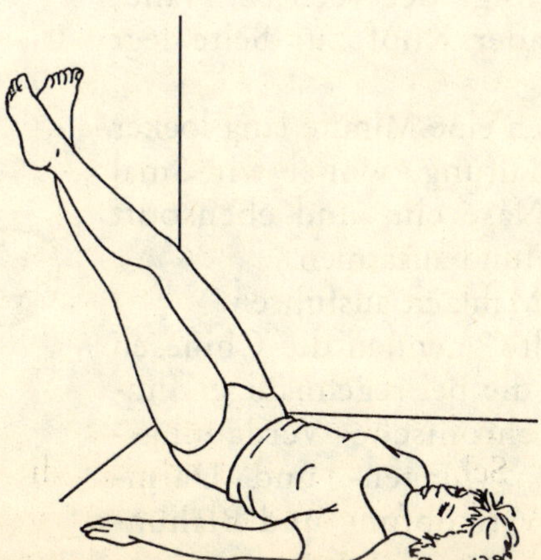

Methode Nr. 63: Zurückfedernder Bauch

Wir atmen normal ein und halten den Atem kurz an.
Während der kurzen Atempause ziehen wir den Bauch ein (Abb.). Dann atmen wir in einem Stoß aus, gleichzeitig lassen wir die Bauchdecke zurückfedern.
Mehrmals.
Hilfreich bei Verdauungsschwäche, Magen- und Darmbeschwerden, Blähungen und Verstopfung.

Methode Nr. 64: Kleine Kälte

Wir sitzen im Schneidersitz auf dem Boden, umgreifen mit der linken Hand den linken Fuß und strecken den rechten Arm – mit der Handfläche nach oben – himmelwärts.
Der Blick folgt der rechten Hand, wobei sich der Kopf zur Seite legt (Abb.).
Wir verharren eine Minute lang locker in dieser Haltung, wobei wir 8mal durch die Nase ein- und ebensooft durch den Mund ausatmen.
Nach jeder Mahlzeit ausführen.
„Kleine Kälte" nennen die Chinesen die Übung, die bei regelmäßiger Praxis selbst chronische Verdauungsbeschwerden, Magen- und Darmstörungen, Verstopfung und Blähungen behebt.

Methode Nr. 65: Knie heben

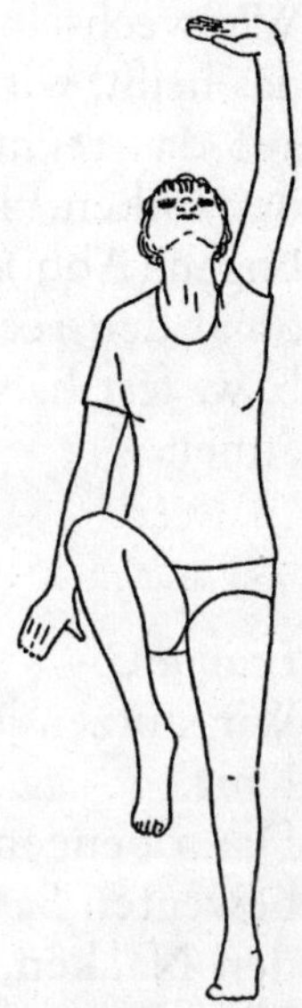

Wir stehen aufrecht. Beim Einatmen strecken wir, das Körpergewicht auf den linken Fuß verlagernd, den linken Arm nach oben, die Handfläche weist zum Himmel, die Fingerspitzen zeigen nach rechts. Die Augen blicken auf den linken Handrücken.
Gleichzeitig drücken wir mit der rechten Hand nach unten – die Fingerspitzen zeigen nach vorn – und heben das rechte Knie an (Abb.).
Beim Ausatmen kehren wir in die Ausgangsstellung zurück.
Wir wechseln die Seite. Je 4mal.
Hilfreich bei allen Verdauungsstörungen (Blähungen, Aufstoßen, Magen- und Darmleiden) und Milzstörungen sowie bei Nacken-, Schulter- und Rückenbeschwerden.

Methode Nr. 66: Ellenbogenanfassen und Kopfbewegen

Wir sitzen im Schneidersitz auf dem Boden und halten durchgehend – in allen fünf Etappen – den Oberkörper aufrecht und die Schultern ruhig.

Etappe 1:

Wir stützen die linke Hand auf das linke Knie. Mit der rechten Hand umfassen wir den linken Ellenbogen (Abb.).
Beim Einatmen halten wir den Ellenbogen locker, beim (restlosen) Ausatmen mit festem Druck.
5mal den linken Ellenbogen locker bzw. fest haltend einatmen bzw. ausatmen.

Etappe 2:
Wir wechseln dann zur rechten Seite, das heißt, wir stützen die rechte Hand auf das rechte Knie und fassen mit der linken Hand den rechten Ellenbogen (Abb.).
5mal den rechten Ellenbogen locker bzw. fest haltend einatmen bzw. ausatmen.

Etappe 3:
Wir stützen jetzt beide Hände auf die Knie.
Dann beugen wir den Kopf (bei unbewegten Schultern!) nach hinten in den Nacken, während wir einatmen (Abb.), und senken den Kopf nach vorn auf die Brust, während wir gründlich ausatmen.
5mal.

Etappe 4:
Wir atmen – die Hände nach wie vor auf den Knien, diesmal aber mit unbewegtem, aufrechten Kopf (Abb.) – 5mal hintereinander ein und aus.
Nach jedem Einatmen halten wir kurz den Atem an, wobei wir in der Atempause dreimal schlucken und uns dabei vorstellen, daß der Atem nach und nach bis 3 Fingerbreit unterhalb des Nabels sinkt.

Etappe 5:
Mit dem Atmen verbundenes Ellenbogenanfassen und gleichzeitiges Kopfbewegen.
Wir tun also jeweils drei Dinge gleichzeitig: Einatmen, lockerer Griff an den Ellenbogen und den Kopf nach hinten beugen (Abb.). Und dann ausatmen, fester Griff an den Ellenbogen und Kopf nach vorn senken.

5mal mit Anfassen des linken Ellenbogens und 5mal mit Anfassen des rechten Ellenbogens.
Wirkungen der fünfteiligen Übung: Die Methode, 1 bis 3mal täglich praktiziert, hilft bei allen Atemweg- und Bronchialerkrankungen, namentlich bei Bronchitis und Asthma, Husten und Keuchatmung.

Methode Nr. 67: Windmühle
Der japanische Atemexperte Professor Nakamura beschreibt den von einem japanischen Volkstanz abgeleiteten Windmühlen-Atem.
Wir stehen aufrecht, die Arme hängen seitlich herab und atmen durch die Nase.
Phase 1: Während wir langsam einatmen (rund 6 Sekunden), lassen wir den gestreckten rechten Arm im Schultergelenk 6mal von unten nach vorn kreisen.
Phase 2: Während wir langsam ausatmen (rund 6 Sekunden) lassen wir den gestreckten rechten Arm 6mal in der Gegenrichtung, also von unten nach hinten, kreisen.
Phase 3: Wir atmen schnell ein (2 Sekunden): dabei ballen wir die rechte Hand zur Faust und strecken den rechten Arm senkrecht nach oben.

Phase 4: Wir halten den Atem an (4 Sekunden): dabei beugen wir den Oberkörper nach vorn, bis die Faust des nach wie vor gestreckten rechten Arms den Boden berührt.
Phase 5: Wir atmen sehr langsam aus (8 Sekunden): dabei richten wir den Oberkörper auf – mit gestrecktem rechten Arm, den wir 6mal rückwärts kreisen lassen.
Nach einer kurzen Atempause beginnen wir von vorn, diesmal mit dem linken Arm.
Der gleichmäßige Bewegungsfluß ist exakt auf die Atmung abzustimmen.
Der Atem führt die Bewegung.
Ein paarmal.
Die Übung weitet den erstarrten Brustkorb und erhöht das Atemminutenvolumen. Sie verbessert die Gelenkigkeit und Geschmeidigkeit, so daß die Atmung gleichsam von den Fingern bis zu den Zehen durchströmen kann. Sie kurbelt den Kreislauf an und schürt das Verdauungsfeuer. Der Windmühlenatem ist jungerhaltend: er verzögert den Altersprozeß.

Methode Nr. 68: Katzenbuckel
Die nach dem Erwachen genüßlich sich streckende und buckelnde Katze ist das Vorbild für die „auf allen vieren" praktizierte Übung.
Wir knien nieder, beugen uns vor und stützen uns mit den Händen auf dem Boden ab.
Wenn wir einatmen, katzbuckeln wir. Kurze Atempause. Wenn wir ausatmen, recken wir uns, das Rückgrat bodenwärts biegend und den Kopf in den Nacken zurücklegend.
10mal.
Die Übung sorgt dafür, daß die Lunge voll durchlüftet wird. Sie bewahrt die federnde Elastizität des Rückgrats und ist bei Wirbelsäulenverkrümmung und Bandscheibenbeschwerden nützlich. Zudem hilft sie bei Lungenleiden und Asthma, ebenso bei Rippenfellbeschwerden.

Methode Nr. 69: Pendel

Bei der langsamen Schrittatmung (Pendelatmung) nach dem Atemtherapeuten Dr. med. Erwin Gross verteilen wir beim Gehen das Ausatmen und das Einatmen jeweils auf drei Schritte.

Nach und nach können wir das Ein- und Ausatmen auf je vier, fünf unf sechs Schritte ausdehnen.

Vorschlag eines anderen Arztes für über 50jährige: bei Tempo 4 – 5 km/h vier Schritte während des Einatmens und fünf Schritte während des Ausatmens.

Wirkungen: Die langsame Schrittatmung bewährt sich bei Atemnot bzw. Kurzatmigkeit und bei Asthma.

Methode Nr. 70: Rasche Schrittatmung

Die rasche Schrittatmung nach Dr. Gross erleichtert das Treppensteigen. Eine oder zwei Stufen atmen wir aus, und eine oder zwei Stufen atmen wir ein.

„Diese Schrittatmung", versichert Dr. Gross, „ist ein Wundermittel, um jede noch so steile Stiege ohne Atemnot zu bewältigen. Sie werden oben ankommen als sei nichts geschehen..."

Wirkungen: Hilfreich bei Keuchatmung und Asthma.

Methode Nr. 71: Rechtsbeuge

Wir sitzen bequem auf einem Stuhl und legen beide Hände leicht auf den Brustkorb rechts unten.

Beim Einatmen beugen wir den Oberkörper langsam und gleichmäßig nach rechts, so lange, bis die untersten Rippen auf den Beckenknochen stoßen.

Kurze Atempause.

Beim Ausatmen kehren wir langsam in die aufrechte Sitzhaltung zurück.

12mal.

Die „Rechtsbeuge" hilft nach Dr. Schmitt bei Lebererkrankungen.

Methode Nr. 72: Genicksäule befreien

a b c

Wir sitzen aufrecht im Schneidersitz und strecken beide Arme seitlich aus (Abb. a), die Hände schließen wir zu lockeren Fäusten. Dann bewegen wir, die Ellbogen abbiegend, im Zeitlupentempo die Fäuste geradlinig auf den Körper zu bis zu den Schultern (Abb. b). Nun spreizen wir die Finger (Abb. c) und strecken erneut die Arme aus, um von vorn zu beginnen. Beim Ausstrecken der Arme atmen wir ein, beim Heranziehen der Arme atmen wir aus.
Ein paarmal.
Hilfreich bei Halswirbelsäulensyndrom, Nackenschmerzen, steifem Hals.

Methode Nr. 73: Pow

Stehend oder sitzend boxen wir wechselweise mit der rechten oder mit der linken Hand auf eine imaginäre Person zielend. Wenn wir die Faust vorwärts schwingen und einen Treffer landen, atmen wir mit dem Mund explosiv aus, indem wir „Pow“ rufen (gesprochen: Paaooohh).
Der amerikanische Therapeut Selby schlägt die Pow-Übung vor zur Hebung des Selbstbewußtseins und zur Gewinnung persönlicher Kraft und Stärke, wenn wir nicht fest auf den Beinen stehen und uns schwach, zittrig, angstvoll, schlaff und unfähig fühlen.

Die Pow-Übung korrigiert in Schwäche und Angst wurzelnde falsche Atemmuster und verschafft Vitalität und Spontaneität.
Die Pow-Methode als Partnerübung hat Selby jungen, sich balgenden Katzen abgeschaut, die sich einen lockeren und leichten Scheinkampf liefern. Sie demonstrieren Stärke, ohne sich zu verletzen. Ihr Spiel ist frei von harter Aggressivität, es macht Spaß. Dasselbe gilt für die Pow-Partnerübung: sie trägt eine spielerische Note. Wir tun uns gegenseitig nicht weh.
Wir stehen einander mit gespreizten Beinen gegenüber und benutzen die flachen Hände als Degen im „Fechtkampf". Einmal berührt der (die) eine, das nächste Mal der (die) andere mit einem Klaps den zurückweichenden und abwehrenden Partner, den Atem dabei mit einem Paaooohh ausstoßend. Sieger und Verlierer gibt es natürlich keinen. Jede(r) ist Gewinner – an Atemkraft und Atemfülle.

Wir im Westen haben einen breitgefächerten Bewegungssport und eine reiche Turnpraxis mit zahlreichen Disziplinen, die mehr oder weniger die Atmung fördern. Sie reichen vom Seilhüpfen bis zum Skilanglauf, vom Bergsteigen bis zum Radfahren, vom Rudern bis zum Tanzen und vom Schwimmen bis zum Tennisspielen. Sie alle fordern die Atmung heraus.
Gute Dienste leisten der Atmung wohl das Schwimmen (die beste Atemschule), das Radfahren und das Laufen, aber …
Grundsätzlich sind – vom Standpunkt der Atmung – die östlichen Bewegungsübungen (z. B. Taiji, das chinesische Schattenboxen) den westlichen Sport- und Turnübungen unendlich überlegen. Die östlichen Methoden sind ganzheitlich, sie fördern die gesamtmenschliche Ausgeglichenheit: das Gleichgewicht zwischen Körper, Geist und Seele. Den westlichen Methoden fehlt im allgemeinen – wie es die Chinesen ausdrücken würden – das Yin (der weibliche, passive,

zurückweichende, empfangende und weiche Pol der Lebensenergie).
Besonders der Leistungssport ist gesundheitlich bedenklich. Stephan Palos, Heilpädagoge, Mediziner und Atemexperte, ein intimer Kenner des Ostens, ist berufen, den Unterschied hervorzukehren: „Wenn man daran denkt, daß viele Sportler im Westen nach langjährigen gehetzten Übungen schon verhältnismäßig jung an Neurasthenie, Herzkollaps, Magenbeschwerden, Muskelkrämpfen und Ermüdungserscheinungen leiden, dann wird es leicht verständlich, warum solche Übungen nicht für Heilzwecke geeignet sein können; es fehlt solchen Übungen die Pflege der harmonisierenden Stille. Das äußerliche Element hat im Gegensatz zum innerlichen Übergewicht bekommen, und die Überanstrengung und der Rekordwahn untergraben die Gesundheit."
Wer also turnt und sportelt, soll seiner Gesundheit zuliebe keine gewaltsamen Rekordversuche unternehmen.
Dem Laufen widmen wir im Zusammenhang mit der Atmung ein eigenes Kapitel, zumal „Jogging" – nicht nur in den USA – zu einer Menschenmassen erfassenden Freizeitbewegung geworden ist.

9. Trimm-Trab ohne Rennfieber

Joggen als Atemmethode

„Laufen ist Leben. Alles andere ist Warten", sagte der Läufer Mark Hanson aus New Jersey (USA).

Die fast 5 Millionen Jogger im Westen Deutschlands und die über 25 Millionen Jogger in den USA – laufen sie „um das Leben"?

Psychologen bestätigen das, freilich in einem ganz anderen Sinn: sie deuten die Liebe zum Joggen als den Drang wegzulaufen, zu entkommen, zu fliehen – aus der Gefahr. Der Jogger als Hasenfuß?

Jedenfalls erfüllt das Joggen eine positive Funktion, falls es uns hilft, dem Alltagsfrust zu entlaufen. „Beim Laufen ist es", bestätigte ein Läufer, „als ob man seinen eigenen Psychiater bei sich hat."

Eines müssen wir vorweg klarstellen: Wenn wir im Sinne der Heilatmung bzw. der Atemtherapie laufen, müssen wir zum Spaß laufen, unbeeinflußt von Begriffen wie Konkurrenz, Rivalität, Wettkampfehrgeiz, Rennfieber, Erfolg, Sieg, Medaille, Preis, Applaus und Leistung.

Wir laufen aus Freude, nicht aus Lust an der Qual (Masochismus). Zahlreiche Laufbesessene wirken nämlich gequält, wenn sie mit krampfhaften Bewegungen und maskenhaft verzerrten Gesichtern knochenknarrend um die Chance zu laufen scheinen, nicht im Bett zu sterben, sondern – wie der amerikanische Jogging-Vater Jim Fixx – auf der Rennbahn.

Beobachten Sie einmal als abschreckendes Beispiel jene Jogger, die sich mit Grimassen wie Spastiker in zwanghafter Pflichterfüllung, Kilometer um Kilometer abspulend, durch das Gelände kämpfen. Es fehlt ihrem Lauf das Spielerische.

Hohlwangiger Sportfanatismus darf nicht den Maßstab für Gesundheit und Fitness setzen, wie es der Olympia-Marathonläufer Ted Corbitt für sich in Anspruch nimmt: „Wenn jemand sagt, Sie sähen gut aus, dann können Sie sicher sein, daß Sie nicht fit sind. Wenn Sie nicht regelrecht hager aussehen, sind Sie schon außer Form."
Laufen – nicht als Strafe, sondern als Genuß:
Nehmen Sie sich die anderen Läufer zum Vorbild, die nicht mit den Armen herumfuhrwerken, sondern deren Arme in regelmäßigem Pendelschlag schwingen, deren Bewegungen seidenweich den Körper durchfließen, die einen beglückten, friedfertigen, eleganten, lockeren, leichten, gleitenden Eindruck vermitteln.
Laufen Sie nicht auf hartem Boden, wodurch Sie sich ein Läuferknie (Abnützung des Knorpelgewebes der Kniescheibe), eine Knochenhautentzündung am Fersenbein oder Knöchelbeschwerden zuziehen könnten. Nachgiebiger, federnder Waldboden schont das Skelettsystem natürlich am meisten.
Meiden Sie die Auspuffgase, das Blei, den Rauch, den Smog, den Ruß, den Staub, die giftigen Gase und die schlechte Luft der Großstädte.
Laufen Sie auf verkehrsarmen Landstraßen, im Grünen. Kurven Sie auf Wald-, Feld-, Wiesen- und Parkwegen oder am Meeresstrand und an Flußufern.
Das alles vorausgesetzt, können Sie sich dem „aerobischen" (Sauerstoff zuführenden) Bewegungstraining namens Joggen zuwenden.

Methode Nr. 74: Laufen
Wir stellen hier das von Dr. Kenneth Cooper entwickelte Trainingsprogramm und Punktesystem vor.
Dr. Cooper, dem renommierten amerikanischen Sport- und Raumfahrtmediziner, standen die modernsten Testgeräte und Forschungslabors sowie aber Tausende Testpersonen zur

Verfügung, als er ein Laufprogramm ausarbeitete, das in der Lage ist, unsere Sauerstoffverarbeitung – sprich: unsere Kondition – ausreichend zu verbessern, und zwar nicht von heute auf morgen, sondern in 16 Wochen.

Angenommen, Sie sind über 35 Jahre alt oder Sie betreiben nicht regelmäßig Sport, dann können wir davon ausgehen, daß Sie ein 16 Wochen dauerndes Aufbau- und Konditionstraining benötigen, bis Sie die erforderlichen 30 Wochenpunkte erreichen.

Dr. Cooper: „Auf unsere Forschungsergebnisse gestützt, betone ich, daß jene in 30 Punkten ausgedrückte Trainingsleistung das Minimum zur Erhaltung einer körperlichen Verfassung darstellt, welche die Medizin als nahezu gleichbedeutend mit dem Grundbegriff der Gesundheit erkannt hat."

Dr. Cooper läßt nicht mit sich handeln: „Jener Standard der 30 Punkte ist nicht meine Erfindung, ich habe ihn nur entdeckt..."

Ohne die 30 Punkte pro Woche büßen wir also nach Dr. Cooper – der die Sauerstoffverarbeitung in Punkte umgerechnet hat – unsere Aktivität und Leistungsfähigkeit ein.

Wie verdienen wir uns die 30 Wochenpunkte?

Indem wir beispielsweise an sechs Tagen in der Woche 1,6 km in weniger als acht Minuten laufen oder an sechs Tagen in der Woche 22 Bahnen im 25 m langen Schwimmbecken in weniger als 15 Minuten schwimmen oder an sechs Tagen in der Woche 8 km in weniger als 20 Minuten mit dem Rad zurücklegen.

Bleiben wir beim Laufen: 1,6 km in weniger als acht Minuten laufen bringt fünf Punkte. Das entspricht einem maximalen Sauerstoffverbrauch von 35 ml/kg/min. 5 mal 6 ergibt 30 Punkte. Am siebten Tag gönnen wir uns Ruhe.

Wer zwei Tage pausieren will, sammelt die 30 Punkte, wenn er fünfmal in der Woche 1,6 Kilometer unter 6 1/2 Minuten läuft.

Wahrscheinlich brauchen wir – besonders als untrainierte, lahme und steife Schreibtischmenschen und Stubenhocker – für die 1,6 km aber mehr als 12 Minuten, und unser maximaler Sauerstoffverbrauch ist geringer als 28 ml/kg/min. Deshalb müssen wir uns in 16 Wochen (!) – beginnend mit 13 1/2 Minuten in der ersten, 13 Minuten in der zweiten und 12 3/4 Minuten in der dritten Woche usw. – hinauftrainieren. Wir sprinten also nicht gleich los, sondern steigern allmählich unsere Leistung. Gemach, gemach! Nach dem Motto: „Trippeln, Trotten, Traben".

Wenn wir auf Spazierwegen vergnügt-fröhlich zotteln, tragen wir lockere, saugfähige Kleidung und gut sitzendes Laufschuhwerk mit weichen Sohlen. Wir starten frühestens zwei Stunden nach einer Mahlzeit.

Laufen auf der Stelle kann man zu Hause.

Die 30 Punkte gewinnen wir zum Beispiel, wenn wir an fünf Tagen in der Woche je 20 Minuten (70 bis 80 Schritte pro Minute) auf der Stelle laufen.

Das 16wöchige gestaffelte Aufbautraining für nicht sehr fite Neulinge:

1. und 2. Woche: 2 1/2 Minuten auf der Stelle laufen
3. und 4. Woche: 5 Minuten
5. und 6. Woche: 7 1/2 Minuten
7. und 8. Woche: 10 Minuten
9. und 10. Woche: 12 1/2 Minuten
11. und 12. Woche: 15 Minuten.

Bis zur 16. Woche steigern auf 20 Minuten.

Für erschütterungsarmes aerobisches Heimtraining bieten Sport- und Gesundheitsgeschäfte Mini-Trampolins an, elastische Sprungmatten zum Laufen auf der Stelle. Wer Geld übrig hat, mag sie testen.

Erfreulicherweise ist die Laufbewegung in Deutschland, in Österreich und in der Schweiz nicht wie in den USA zum Laufkult ausgeartet. Und das gemütliche Trimm-Trab-Motto des Deutschen Sportbundes lautet: „Laufen ohne zu schnaufen", so daß die Gefahr einer Überforderung durch die populärste der aerobischen Aktivitäten, das Laufen, möglichst hintangehalten wird.

Im Zweifelsfall sollte man sich aber einer ärztlichen Generaluntersuchung bzw. einem Leistungstest unterziehen, wenn man die Absicht hat, sich in eine strapaziöse Rennerei zu stürzen.

Bei *sachgemäßem* Training kräftigt Laufen jedenfalls das Herz-Kreislauf-System und natürlich den Atemapparat. Zudem fördert es die Verdauung und den Stoffwechsel. Joggen ist eine Heil- und Hilfsübung z. B. bei Fettleibigkeit, Appetitmangel, Arteriosklerose, Bluthochdruck, Streß und Depression.

Sogar bei den westlichen Atemübungen wie beim Laufen blitzt da und dort der Gedanke auf, daß mehr als Sauerstoffzufuhr und Leibesertüchtigung dahintersteckt. Der Philosoph des Laufens, der Herzspezialist Dr. George A. Sheehan (New Jersey, USA), selbst Läufer, weiß Mystisches über das Joggen zu enthüllen: es „verschafft uns einzigartige Gelegenheiten, Erlebnishöhepunkte zu erreichen, bei denen wir uns völlig eins mit der Welt fühlen und alle Konflikte transzendieren..."

10. Den Geist unter dem Nabel festbinden

Die klassischen Atemmethoden Chinas

Die Atemregulierung (Qigong) im Dienst der Gesundheit hat in China eine dreitausendjährige Geschichte.
Jene chinesische Heilatmung, wie sie früher in Klöstern geübt wurde und heute in modernen atemtherapeutischen Sanatorien und Kliniken angewandt wird, bedarf einer gründlichen allgemeinen Vorbereitung: der Körperentspannung (Song/Fang) einerseits und der Geistessammlung (Jing) anderseits.

Körperentspannung
Wir lockern und lösen nacheinander die Muskeln/Gelenke des Kopfes (inklusive Kiefer), des Halses, des Nackens, der Schultern, der Arme, der Hände, der Brust, des Rückens, des Bauchs, der Hüfte, des Gesäßes, der Beine und der Füße. Wir entkrampfen Haarboden, Augäpfel, Lippen, Zunge, Blutgefäße, Eingeweide, Haut... Wir machen uns – loslassend und behaglich ruhend – frei von jeglicher äußerlicher Spannung. Keinen Körperteil lassen wir dabei aus.
Was die Körperhaltung betrifft, so üben die Chinesen nicht nur im Sitzen (Lotossitz, Vollkommener Sitz, Fersensitz und Pharaonensitz, vgl. S. 50 f.), sondern ebenso im Liegen und im Stehen.

Liegehaltung
Als Unterlage dient eine mittelharte Matte bzw. Matratze, kein federndes Bett. In der *Rückenlage* ruht der Kopf auf einem Kissen. Die Beine sind gestreckt, Zehen nach oben. Die Arme liegen neben dem Körper – mit den Handtellern

auf dem Boden oder auf dem Bauch (wobei die Daumen den Nabel berühren). Der Mund ist geschlossen. Die Augen sind halb geöffnet, allenfalls fixieren sie die Nasenspitze.
In der – rechten oder linken – *Seitenlage* ruht der leicht vorgeneigte Kopf auf einem flacheren Kissen. Die Beine liegen mehr oder weniger aufeinander, etwas gebeugt, das obere stärker als das untere. Die obere Hand liegt mit der Innenseite locker auf dem Oberschenkel, die untere mit aufwärts gewendetem Handteller unter dem Kopf.
Ob wir auf der Seite oder auf dem Rücken liegen, wir suchen, ein paarmal uns rührend und regend, die ungezwungenste Ruhelage, die der Körperentspannung entgegenkommt.

Stehende Haltung
Wir stehen wie angewurzelt mit schulterbreit gegrätschten Beinen: aufrecht, mit geradem Kopf und lockergelassenen Schultern. Der Blick mit halbgeschlossenen Lidern ist gesenkt. Der Mund ist geschlossen, die Zungenspitze berührt den Vordergaumen.
Die Haltung wird die „Form der drei Rundungen“ genannt. Die erste Rundung bilden die einwärts gedrehten Fußspitzen. Die zweite Rundung beschreiben die Arme, die wir mit leicht gebeugten Ellenbogen in Brustkorbhöhe halten, so als würden wir einen dicken Baumstamm umarmen. Die dritte Rundung zeichnen die Finger, die wir so krümmen, daß wir einen Fußball in den Händen halten könnten.
Der erste Schritt zur Vorbereitung der klassischen chinesischen Heilatmung ist also die Körperentspannung in der sitzenden, liegenden oder stehenden Haltung.
Der zweite Vorbereitungsschritt ist die Geistessammlung.

Geistessammlung
Der äußerlichen Lockerung folgt die innerliche Lockerung: das Stillwerden des Geistes.

Die Chinesen beschreiben den angestrebten Zustand der Geistesstille als „weder Erwachtsein noch Schlafen". Das Herz schlägt langsamer, der Blutdruck sinkt, die Atemzüge verlangsamen und vertiefen sich usw.
Wie aber ist das Gehirn mit seinen sprunghaften Gedanken zu beruhigen? Die Hilfsmaßnahmen der chinesischen Atemheilkunde sind folgende:
Möglichkeit 1: Wir hängen unser Bewußtsein an ein einsilbiges Leitwort. Die Chinesen halten sich zum Beispiel an dem Schlüsselwort „Jing" (Stillwerden) fest.
Möglichkeit 2: Wir vereinigen unsere Aufmerksamkeit mit unserer Atmung, das heißt, wir nehmen die Wechselbewegung des einströmenden und ausströmenden Atems einfach und ruhig wahr (vgl. Kapitel 2, das ausschließlich dieser Atemmeditation gewidmet ist). Wir beobachten achtsam die ausschwingenden und zurückkehrenden Wogen des Atems. Das beruhigt den rastlosen Geist
Möglichkeit 3: Wir zählen lautlos die Atemzüge – bis 10. Dann beginnen wir erneut bei 1.
Das hilft, ablenkende Gedanken aus dem Bewußtsein zu verbannen.
Möglichkeit 4: Die Konzentrationshilfe schlechthin ist in China aber das Dantian (vgl. S. 39 f.), das menschliche Energiezentrum in der Körpermitte (5 cm bzw. 3 Fingerbreit unterhalb des Bauchnabels).
Wir lenken also alle unsere Aufmerksamkeit auf das Dantian: wir binden unser Bewußtsein gleichsam an das Dantian an. Unser Geist ruht auf dem Dantian. Dort lösen sich alle Gedanken und Gefühle in Luft auf.
Die Konzentration (Geistessammlung) auf den einen oder anderen Stützpunkt ist freilich kein Kinderspiel. Sie bedarf ausdauernder, geduldiger Übung – aber gelöster, selbstverständlicher, weicher Übung! Jede krampfhafte und gewaltsame Konzentration in Übereifer bewirkt das Gegenteil von geistiger Stabilität, nämlich Zerstreuung. Wenn unser Geist

abschweift, machen wir keine Tragödie daraus. Wir verhalten uns neutral. Wir gehen weder auf ablenkende Gedanken ein, noch bekämpfen wir sie. Wir lassen sie fallen.
In der Körperentspannung und Geistessammlung ergibt sich allmählich von selbst, daß wir nicht mehr 16 Atemzüge benötigen wie Anfänger, sondern nur mehr sechs, sieben oder acht.
Den Zustand der Körperentspannung und Geistessammlung beschrieb ein chinesischer Patient so: „...Ich war in eine leere, strahlende und grenzenlose Welt geraten...“
Die deutsche Ärztin Dr. Josephine Zöller, die selbst in China jahrelang die fernöstliche Atempraxis erlernt hat, bemerkt dazu: „Aus neuesten Untersuchungen weiß man, daß es mittels Meditation gelingen kann, die gesamte Immunitätslage des Organismus umzustellen. So ist es zu verstehen, daß bei Qigong-Übungen das meditative Atmen unabdingbar ist.“
Von jener Körperentspannung und Geistessammlung ausgehend praktizieren die Chinesen also ihre Atemmethoden, die im Grunde alles andere als spektakulär oder kompliziert sind.
In ihrer praktikablen Einfachheit sind sie aber außerordentlich wirksam, nicht zuletzt aufgrund ihres Vorspiels (Körperentspannung und Geistessammlung) und ihres Nachspiels, auf das nach der Darstellung der Methoden noch einzugehen sein wird.

Innere Stärkung

Die älteste atemtherapeutische Tradition Chinas nennt sich „Innere Stärkungsübung“. Die innere stärkende Übung ist dreiteilig und besteht aus der sogenannten Stillatmung sowie der regulären und der irregulären Atmung.

Methode Nr. 75: Stillatmung

Das ist im Grunde die alltägliche Atmung, aber harmonisiert im Zustand der Körperentspannung und Geistessammlung.

Wir atmen durch die Nase aus und ein, still, gleichmäßig und glatt, ohne Anstrengung.

Die allgemein kräftigende Methode wird in Chinas Atemsanatorien bei alten und schwachen Menschen sowie bei Tbc-Kranken angewendet und gegen Übererregbarkeit verordnet.

Methode Nr. 76: Reguläre Atmung

Die „reguläre Atmung“ Chinas ist schlicht und einfach die vertiefte natürliche Atmung mit der Betonung der Ausatmung. Wir atmen kurz und leicht ein – in den Unterleib, der sich wölbt – und atmen lang und kräftig aus, wodurch sich der Bauch zurückzieht. Sechs bis acht Atemzüge pro Minute.

Es geht bei der Übung um nichts anderes, als die gründliche Bauch- bzw. Zwerchfellatmung, also die Tiefatmung, reflektorisch zu machen.

Sie erhöht nicht nur die Elastizität der Lunge und die Geschmeidigkeit der Atemmuskulatur. Sie senkt darüber hinaus hohen Blutdruck, behebt Verdauungsstörungen und begegnet der Neurasthenie (reizbare Nervenschwäche), einschließlich der raschen geistigen Ermüdbarkeit und der Schlaflosigkeit. Die durch die Tiefatmung gesteigerte Sauerstoffzufuhr im Gehirn sorgt für ein erhelltes Gemüt und eine gehobene Stimmung – und erleichtert Konzentration bei Unaufmerksamkeit und Zerstreutheit.

Methode Nr. 77: Irreguläre Atmung

Die „irreguläre“ Atmung, ebenso als „verkehrte“ oder „gegensätzliche“ Atmung bekannt, ist der instinktiven, natürlichen Atmung entgegengesetzt: diesmal zieht sich bei der langsamen und tiefen Einatmung der Unterbauch zusammen, während er sich bei der langsamen und tiefen Ausatmung wölbt. Die Brust indessen dehnt sich bei der Einatmung und wird hohl und schlaff bei der Ausatmung.

Die irreguläre Atmung darf niemals nach dem Essen geübt werden!
Die Übung mit den umgekehrten Expansions- und Kontraktionsbewegungen ist als Daueratmung eine Fehlatmung, aber als kurzfristige Atemmethode ist sie sehr nutzbringend. Sie aktiviert und kräftigt das Zwerchfell und stärkt das Bindegewebe. In China ist sie eine medizinische Waffe gegen Verdauungsstörungen und gegen hohen Blutdruck. Insgesamt belebt sie den Organismus.
Das sind drei ausgewählte Methoden der zu Hause und in den Krankenhäusern praktizierten erfolgreichen chinesischen Atemtherapie. Die skizzierten Techniken der Stillatmung, der regulären Atmung und der irregulären Atmung sind freilich nur die *aktive* Phase (Yang-Phase) der Heilatmung, die ohne die nachfolgende *passive* Phase (Yin-Phase) nur Stückwerk bleibt.

Ruhen im Gesammeltsein
Das Nachspiel ist wie das Vorspiel (Körperentspannung und Geistessammlung) ein unerläßlicher Bestandteil der chinesischen Atemtherapie.
Nach der konzentrierten Atemübung selbst kommt nämlich das totale Verweilen, das Ausruhen im friedvollen Gesammeltsein, Shou genannt. Es ist der Zustand des Geschehenlassens und des Nichteingreifens (Wu-wei). Wir überlassen uns dem tätigkeitslosen Tun, dem natürlichen Lauf der Dinge. Bewußte Tätigkeit bleibt ausgeschaltet. Das Dantian hält nach wie vor das Bewußtsein bzw. den Geist fest. So können die Naturkräfte ungehemmt in uns wirken.
Das ist der krönende Abschluß der „innere Stärkung" genannten chinesischen Atemmethoden, die grobe Atmung verfeinern, flache Atmung vertiefen, kurze Atmung dehnen und unregelmäßige Atmung ausgleichen.

11. Gewinnen Sie ein Königreich!

Indische Yoga-Atemmethoden

„Die Steuerung des Atems schenkt alles Glück, materiell wie spirituell, vom Gewinn eines Königreiches bis zum Empfinden höchster Wonne. Lerne deshalb die Wissenschaft des Atmens!“ Das behauptete Vasishta, einer der sieben Großen Rishis (inspirierte Seher und Weisheitslehrer) Indiens.
Uns genügt es freilich, das Königreich der Gesundheit zu gewinnen.
Der „lange Atem“ ist für Indiens Weise der Garant langen Lebens. Denn der Mensch hat, so glauben sie, bei der Geburt eine bestimmte Anzahl von Atemzügen für das Leben zugeteilt erhalten. Verbraucht er sie rasch, verkürzt er sein Leben. Es lohnt sich also für uns Kurzatmige, den langen Atem zu schulen.
Die altindische Heilkunde – Ayurveda (Wissenschaft vom langen Leben) – baut deshalb das Atemtraining fix in den Tagesablauf ein: nach der Morgentoilette und dem Ankleiden und vor dem Frühstück.
Den Gipfel der Atemkunst und der Atemwissenschaft der Menschheit stellt gewiß „Pranayama“ dar, die schon 1300 v. Chr. geübte Atembeherrschung der Yogis Indiens. Doch die mannigfaltige und knifflige Disziplin der Yoga-Atmung setzt so viel an nur in jahrzehntelanger Übung zu erwerbender Körpermeisterung und spiritueller Reife voraus, daß für uns nur wenige Grundübungen brauchbar sind.
Selbst jene in unseren Ratgeber aufgenommenen yogischen Pranayama-Grundübungen sollten Sie erst in Angriff nehmen, wenn Ihnen die volle Tiefatmung – also die natürliche Atmung – in Fleisch und Blut übergegangen ist.

In Büchern und Kursen werden leider nicht selten – trotz vorhandener Fehlatmung bei Lesern bzw. Teilnehmern – komplizierte, selbstlosen Asketen auf den Leib geschneiderte Übungsmuster gelehrt, die schwere, gewaltsame Eingriffe in den natürlichen Atemrhythmus darstellen und die bei eigenwilligen (sich gegen Ergebung sträubenden) und von der Natur getrennten Menschen die Gesundheit gefährden.
Wenn wir uns der Yoga-Atmung bedienen, visieren wir die Gesundheit an – und nicht wie die Yogis Bewußtseinserweiterung und Vereinigung mit Gott und Kosmos oder wie die Fakire Wunderkräfte (Hellsehen, Telepathie usw.) und himmlische Macht.
Zwei Eigenheiten der Yoga-Atmung bedürfen einer Erklärung: der Wechsel der Nasenlöcher beim Atmen und das Atemanhalten.

Nasenlöcher
Die neue medizinwissenschaftliche Erkenntnis, daß im Stundentakt wechselweise das eine Nasenloch offen und das andere ziemlich geschlossen ist (aufgrund des rhythmischen Schwellungszyklus der Nasenschleimhäute), hatten schon die alten Inder entdeckt – und genutzt. Nie atmen beide Nasenseiten gleich stark.
Was die Natur damit bezweckt? Patanjali (2. Jh. v. Chr.), der Begründer der Yogaphilosophie, hat das Ergebnis der modernen Gehirnforschung schon vor über 2000 Jahren vorweggenommen. Er wußte bereits, daß das überwiegende Atmen durch das linke, dem Mond zugeordnete Nasenloch die Passivität, die Empfangsbereitschaft, die Intuition und die Phantasie fördert und aggressive Instinkte belebt, und das überwiegende Atmen durch das rechte, der Sonne zugeordnete Nasenloch die Aktivität, die Durchführungskraft, den Mut und das logische und analytische Denken fördert sowie Gefühle dämpft.

Das hängt damit zusammen, daß, wie die Gehirnforschung neuerdings ergründet hat, das Atmen durch das linke Nasenloch die rechte Gehirnhälfte und das Atmen durch das rechte Nasenloch die linke Gehirnhälfte aktiviert. Die Gehirnforschung weiß inzwischen, daß die rechte Gehirnhälfte für das intuitive, emotionale Denken und die linke Gehirnhälfte für das lineare, kognitive, intellektuelle und logische Denken zuständig ist.
Wenn also die Natur durch den Schwellungszyklus der Nasenschleimhäute dafür sorgt, daß in der Atmung abwechselnd das rechte oder das linke Nasenloch dominiert, dient das dem gesunden Ausgleich und der Harmonie der beiden Gehirnhälften und ihrer Denkarten.
Pranayama, die Atmung des Yoga, aber setzt die Wechselatmung bewußt ein.

Atemanhalten

Patanjali, der Yogalehrer der Yogalehrer, unterscheidet schon drei Glieder der Atmung: das Einatmen (pūraka), das Ausatmen (rechaka) – und das Atemanhalten (kumbhaka), wobei nochmals zu unterscheiden ist zwischen dem Atemanhalten mit voller Lunge (also nach dem Einatmen) und dem Atemanhalten mit leerer Lunge (also nach dem Ausatmen).
Während im Westen die Atmung im großen und ganzen nur aus zwei Phasen besteht, setzt sich also die Yoga-Atmung aus vier Phasen zusammen: Ausatmen, Atemanhalten, Einatmen, Atemanhalten.
Die Yogis sind in der Lage, den Atem mehrere Minuten (bis zu einer halben Stunde?) anzuhalten – nicht zum Schaden, sondern zum Nutzen der Gesundheit. Wir tun uns schon schwer eine halbe Minute zu pausieren.
Die Atemverhaltung beim Yogi dient der besseren Verteilung, Verwertung und Verdauung der Luft (der Energie – des Prana, wie die Yogis sagen). Sie regt die Zellatmung an, stei-

gert die Sauerstoffaufnahme und verbessert die Qualität des Luftaustauschs. In der Atempause kosten die Yogis die Energie aus. Für sie ist die Atemverhaltung aber nicht nur ein Jungbrunnen, sondern in erster Linie ein Mittel zur Erlangung der Ekstase.

Ein Durchschnittseuropäer ist nicht qualifiziert, den Atem längere Zeit stillstehen zu lassen. Um so gefährlicher ist es, wenn in Yogakursen die Unsitte einreißt, sich in Rekordsucht aneinander zu messen und zu prüfen, wer die Luft am längsten stauen kann. Beim Atemanhalten ist für westliche Menschen höchste Vorsicht geboten. Verstiegenheiten mit angespanntem Festhalten des Atems rächen sich. Bei mit Luft vollgepumpten Asthmatikern ist das Verweilen im eingeatmeten Zustand überhaupt strengstens abzulehnen, weil es die Erstickungsanfälle forciert. Bedrohlich ist das Atemanhalten zudem bei Augen- und Ohrenkrankheiten.

Erst wer die natürliche Tief- und Vollatmung beherrscht, darf sich an ein maßvolles Atemanhalten wagen.

Methode Nr. 78: Volle Wechselatmung

Wir atmen abwechselnd durch das eine oder das andere Nasenloch. Dabei schließen wir jeweils einen Nasenflügel mit den Fingern.

Fingerwechsel: Das rechte Nasenloch halten wir mit dem Daumen der rechten Hand zu, und das linke Nasenloch mit dem kleinen Finger und dem Ringfinger der rechten Hand. Zeigefinger und Mittelfinger, die nicht gebraucht werden, werden zurückgelegt oder eingebogen.

Das Verhältnis zwischen Einatmung, Atemanhalten und Ausatmen beträgt bei der vollen Wechselatmung der Yogis 1:4:2.

Das heißt: Wenn wir zum Beispiel vier Sekunden einatmen, halten wir 16 Sekunden den Atem an und atmen acht Sekunden aus.

Wem es schwerfällt, gleich 16 Sekunden den Atem anzuhalten, der sollte mit acht Sekunden Atemverhaltung beginnen, also folgendes Zeitmaß einhalten: zwei Sekunden einatmen, acht Sekunden Atem anhalten, vier Sekunden ausatmen.

Keinesfalls sollten Sie im Atemverhalten über 20 Sekunden hinausgehen. Faustregel: nicht länger die Luft anhalten als es angenehm ist.

Das ist eine Runde der Yoga-Grundatmung, die wir im Lotossitz oder im Fersensitz praktizieren:

1. Einatmen mit dem linken Nasengang, vier Sekunden
2. Atemanhalten (beide Nasenseiten zudrücken), 16 Sekunden
3. Ausatmen mit dem rechten Nasengang, acht Sekunden
4. Einatmen mit dem rechten Nasengang, vier Sekunden
5. Atemanhalten, 16 Sekunden
6. Ausatmen mit dem linken Nasenloch, acht Sekunden.

Täglich vollführen wir – am besten morgens – zehn Runden der vollen Wechselatmung, sobald wir ihrer mächtig sind.

Die volle Wechselatmung der Yogis nährt unsere Lebenskraft und verleiht Nervenstärke. Sie gleicht das vegetative Nervensystem aus. Sie klärt das Gehirn und belebt dessen Tätigkeit, ist also besonders für geistige Arbeiter ein Segen – dank der Stärkung des Gedächtnisses und der Konzentrationsfähigkeit. Die volle Wechselatmung erweckt eine positive Lebenseinstellung und hilft uns, Streß zu bewältigen und Unsicherheit, Minderwertigkeitsgefühl, Depression und Lustlosigkeit mattzusetzen. Sie verringert nervlich bzw. seelisch bedingte Schlafstörungen und bessert Migräne.

Die volle Wechselatmung stärkt und reinigt die Lunge bei Asthma, Bronchitis und Husten und hemmt Nebenhöhlenentzündungen.

Sie fördert die Verdauung (z. B. bei Stuhlträgheit) und den Stoffwechsel und unterstützt die Funktionen der Leber und der Nieren.

Sie normalisiert den Blutdruck, stärkt und beruhigt das Herz

(z. B. bei Herzunruhe), stimuliert den Kreislauf und behebt Schwindelgefühl und Benommenheit.
Die volle Wechselatmung ist also ein Universalmittel, das gleichzeitig der Vergreisung wie der Verkalkung entgegenwirkt.
Bei Fieber sollen wir die Übung unterlassen.
Die Techniken der Atemzügelung und -zähmung sind in Indien Legion. Zu den populärsten zählt der Blasebalg.

Methode Nr. 79: Blasebalg
Der Blasebalg (Bhastrika) ist eine rasche Kurzatmung, die an einen Blasebalg erinnert, der ein Schmiedefeuer oder ein Kaminfeuer anfacht.
Wir saugen die Luft durch die Nase schnell, kraftvoll, scharf und hörbar ein und stoßen sie ebenso heftig schnaubend durch die Nase aus. Die Pumpbewegung der schnellen Wechselstöße erschüttert das Zwerchfell.
4- bis 8mal. Pause. Nochmals 4- bis 8mal. Nachher ruhen mit langsamer Tiefatmung.
Der Leber, Galle, Milz und Bauchspeicheldrüse aktivierende Blasebalg hilft gegen Verdauungsschwäche. Er klärt die Nebenhöhlen und stoppt Nasenlauf, bekämpft Racheninfektion, Mandelentzündung und Erkältungen. Er belebt und erfrischt geistig wie körperlich, ist also beispielsweise angezeigt bei Nerven- und Willensschwäche, bei Frieren oder Frösteln, bei Entkräftung, Müdigkeit, Energieschwäche, Schlappheit und Kreislaufbeschwerden. Zudem verhütet er Arteriosklerose. Alles in allem: der Blasebalg regt die Gehirntätigkeit an, hebt die Stimmung und steigert die Vitalität allgemein.
Nicht geeignet ist der Blasebalg bei Menschen mit schwächlicher Kondition, mit Lungenschäden, mit Herzrhythmusstörungen, mit niedrigem oder hohem Blutdruck sowie mit Ohren- oder Augenleiden. Frauen sollten den Blasebalg nicht praktizieren.

Methode Nr. 80: Abkühlung

Die Pranayama-Übung Shitakari (= Ursache der Abkühlung) heißt so, weil sie innerlich abkühlt.

Wir atmen durch den Mund ein, die Luft zwischen den leicht geöffneten Lippen – die Zunge formt eine Rinne – einschlürfend, so daß dabei der Zischlaut sssss oder sisisi entsteht. Den Atem kurz anhalten. Durch die Nase normal ausatmen.

Die Übung ist selbst bei Schnupfen praktizierbar.

Nach B. K. S. Iyengar, einer indischen Yogaautorität der Atemschulung, ist die Abkühlungsübung dienlich bei Augen- und Ohrenbeschwerden, bei Störungen der Galle, der Leber und der Milz, bei Verdauungsschwäche und Mundgeruch sowie bei Durstgefühl.

Oberstes Gebot bei allen Atemübungen: Gewaltlosigkeit.

80 ausgewählte Atemübungen reichen – ein Leben lang. Es bedarf keiner 1001 Atemübungen. Suchen Sie die für Sie passenden Techniken heraus, und üben Sie fleißig, aber behutsam.

Das heißt nicht, daß Sie in Zukunft Hühner scheuchend („psch-psch") und Hund hetzend („kss-kss") oder wie ein fleischgewordener Blasebalg durch das Leben wandeln müssen. Keine Angst, Sie müssen nicht ständig, ob Sie liegen, stehen, gehen oder sitzen, schnuppern wie ein Hund, der eine Witterung aufnimmt oder OM singen wie ein betender Himalayamönch.

Denn die Meisterung der Atemmethoden und -techniken ist nicht Selbstzweck, sondern Mittel zum Zweck. Das vergessen die meisten Atembücher zu sagen oder zu betonen. Den Zweck unseres Trainings dürfen wir nie aus den Augen verlieren. Jede der vorgeprägten Atemdisziplinen ist im Grunde eine Manipulation, die keinen anderen Zweck hat als

den: uns zu helfen, falsche und fehlerhafte Atemgewohnheiten zu verlernen, uns von überspannten, eingeengten, streßblockierten, ruckartigen und stoßartigen, flachen und kleinen Atemmustern und dem Hochatmungsbedürfnis zu befreien, also den Atemschwerpunkt von oben nach unten zu verlegen und die Atemhemmungen zu beseitigen.
Zweck der Kunstatmung ist die Naturatmung: die Rückkehr zum instinktiven Atemreflex, zum spontanen, unbeschwerten und mühelosen, vollen und weichen Atemfluß, wie die Natur ihn bahnt.

> Es geht nicht – man kann es nicht oft genug unterstreichen – um die willensmäßige Jochung der Atmung, sondern im Gegenteil um ihre Befreiung aus den Sklavenfesseln, die ihr unser persönlicher Lebensstil und die soziokulturellen Einflüsse aufzwingen und die den Lebenshauch hindern, sich selbst zu regeln und seine gesunderhaltende und heilende Kraft zu entfalten. In einem Satz: es geht beim Atemtraining um die Wiederbelebung der richtigen Atmung.

Deren eine Frucht ist anhaltende Gesundheit, langes Leben und rüstiges Alter.
Die andere Frucht der richtigen Atmung ist die Persönlichkeitsentfaltung. Wer seinem Wesen nicht durch den Atem näher kommt, bleibt nach Dr. Schmitt „ein unbeschriebenes Blatt, ein lebloses Stück, ein flaches Schattenbild“. Der Mensch, behauptet Schmitt dem Sinn nach, ist so groß wie sein Atem, so tief wie sein Atem, so unendlich wie sein Atem. Oder so klein, so eng, so kurz, so hilflos, so haltlos und so heimatlos wie sein Atem.
Die 80 dargestellten Methoden der kontrollierten Atmung haben freilich nicht nur den Sinn, unsere Atmung in natur-

gesetzliche Bahnen zurückzuführen und damit allgemein unser Wohlbefinden, unsere Vitalität und Kreativität zu steigern und zu helfen, unsere Mitte zu finden.
Wir können alle Atemübungen andererseits gezielt einsetzen als wirksame „Waffen“ gegen zahlreiche Symptome, Beschwerden und organische Störungen, wie im anschließenden 3. Teil anschaulich gemacht wird.

Dritter Teil

ATEMTHERAPIE

Verzeichnis der Gesundheitsstörungen

„Im ganzen Orient, von Istanbul bis Tokio, stimmen Ärzte, Yogis, Kampfmeister, Mönche, Philosophen und andere weise Männer darin überein, daß richtige Atemtechnik grundlegend zur Erhaltung der Gesundheit und Lebenskraft beitrage“, notierte der Publizist und Asienkenner Daniel P. Reid.

Die Heilkünste, denen die großen Atemtraditionen der Menschheit entspringen, gehen aufs Ganze. Mit anderen Worten: sie streben eine ganzheitliche, das heißt leib-seelisch-geistige Gesundheit an. Der Mensch wird nicht „zerstückelt“ in Knochen, Muskeln, Haut, Nerven, Organe usw. oder in Gewebe, Zellen und Moleküle, sondern als unteilbare Einheit erfaßt, als Dreieinheit von Körper, Geist und Seele, verbunden mit der Natur.

Die Atempflege im Sinne ganzheitlicher Heilkunde peilt daher die Vollgesundheit an, die Wohlbefinden, Frische, Spannkraft, Vitalität, Glücksgefühl, Optimismus, Selbstbewußtsein, Nervenstärke, Geistesgegenwart, Kontaktfreudigkeit, Kreativität und Lebenstüchtigkeit einschließt, und sich nicht darauf beschränkt, ohne Beschwerde und ohne Befund (o. B.) zu sein, also in den Labortests innerhalb der Norm zu liegen.

Die ganzheitliche Heilkunde aktiviert die Lebensenergie, das heißt die Abwehrkraft, Widerstandskraft und Heilkraft der Natur, die Krankheiten nicht zuläßt, und wenn doch, durch einen schöpferischen Prozeß des Organismus niederringt. Ziel der Atemübungen ist es also letztlich, jene dynamische Vollgesundheit zu erwerben, die den allgegenwärtigen Krankheitserregern, Bazillen, Mikroben, Viren etc., keine Chance läßt, Unheil zu stiften.

Gemäß dem Erfahrungswissen aller ganzheitlichen Heilkünste bewirkt die Harmonisierung der Atmung eine Harmonisierung der ineinandergreifenden Vitalfunktionen des Gesamtorganismus und des einheitlichen Lebensprozesses.

Also: wir bauen durch unser Atemtraining eine unverwüstliche/stabile und dauerhafte/lebenslange Gesundheit auf, die das Altern hintanhält.
Gleichzeitig helfen uns die Atemübungen aber, Symptome (Krankheitszeichen) sowie Unpäßlichkeiten zu bekämpfen und erkrankten oder funktionsgestörten Organen beizustehen, solange unsere gesundheitliche Erneuerung und Verjüngung noch nicht fortgeschritten ist.
Schon in den Schriften der altpersischen Religion Zarathustras, des Parsismus, lesen wir: „Atemstrom, du bist es ja, der bei den Menschen, bei Tieren, bei allen Geschöpfen die Krankheit vertreibt; unter allen bist du der mächtigste Befreier von Bedrückung und Fehle; in tiefster Not, wenn es am schlimmsten steht, hilfst du dem, der sich an dich wendet" (Spiegel, Khorda-Avesta, 53).
In den modernen Sanatorien Chinas hören wir heute dasselbe – nur in der nüchternen Sprache klinischer Daten, das heißt naturwissenschaftlicher Untersuchungs- und Messungsergebnisse.
Der Atem ist ein erfolgreiches Stärkungs- und Heilmittel zum Beispiel bei Lungenerkrankungen, Lungenemphysem, Asthma, Bronchitis, Katarrhen und Erkältungen, bei Verdauungsbeschwerden, Blähungen, Magen- und Darmstörungen, Stuhlverstopfung, bei Stoffwechselproblemen, Drüsenstörungen, Leberstörungen und Gallenstauungen, bei Herzleiden, Kreislaufschwäche, Durchblutungsstörungen, Arteriosklerose und Blutdruckanomalie, bei Nierenkrankheiten, Gicht, bei Potenzabnahme, bei Haltungsschäden, Rückenschmerzen, Muskelverspannungen, Krämpfen der Muskulatur und der Gefäße, bei vegetativer Dystonie, Schlaflosigkeit, Nervenschwäche, Migräne, Depression sowie bei Konzentrationsstörungen, Vergeßlichkeit und Denkfaulheit. Selbst Stottern oder Kurzsichtigkeit ist mit Atmung zu beeinflussen. Der folgende Buchteil befaßt sich mit 122 Heilanzeigen im einzelnen.

Selby geht sogar so weit, anzuregen, die Einwirkung der Atmung in der Krebsvorsorge und -bekämpfung zu berücksichtigen. Der amerikanische Therapeut selbst hat ergründet, daß Krebspatienten ein charakteristisches Atemmuster aufweisen. „Bei Krebspatienten", beobachtete Selby, „ist die Atmung eine halbe Einatmung, dann folgt bereits die Ausatmung, danach wird der Atem gehalten, um schließlich zu einer flachen, unvollständigen Einatmung zurückzukehren."

Die auf zurückgehaltener Trauer, Wut, Depression und Schuldgefühlen basierende Fehlatmung der Krebspatienten beteiligt kaum die Bauchmuskeln und das Becken.

Ohne die Komplexität des Krebsproblems zu verkennen, meint Selby daher, daß eine gründliche Bauchatmung zumindest eine gute Krebsvorsorge wäre. Therapeuten der Bioenergetik beispielsweise beziehen in der Tat die Atemmodifikation bereits in die Heilbehandlung Krebskranker ein.

Die eigentliche Domäne der Atemtherapie ist neben dem Verdauungssystem und dem Atmungsapparat besonders das psychosomatische Geschehen, bei dem die Schulmedizin mit ihrem Latein meist am Ende ist.

Doch die psychosomatischen Krankheiten nehmen mit rasender Geschwindigkeit zu. Es ist also ein Gebot der Stunde, mehr denn je die Atmung zu nutzen, die die „Nahtstelle" – das Bindeglied oder die Brücke – zwischen Seele (Psyche) und Körper (Soma) ist.

Die Atmung spiegelt unsere körperliche und seelische Verfassung, unsere Gefühls- und Gedankenwelt wider. Der geistig-seelische Zustand beeinflußt unsere Atmung, und unsere Atmung beeinflußt den geistig-seelischen Zustand, der seinerseits auf den Körper einwirkt. Das ist der atemtherapeutische Schlüssel zu den psychosomatischen Krankheiten und neurovegetativen Störungen.

Mittlerweile gibt es Atemsanatorien selbst in unseren Breiten. Vorangegangen sind uns die Sowjetunion (Krim-Sanato-

rium) und vor allem die Volksrepublik China mit ihren modernen atemtherapeutischen Sanatorien wie dem in Tangshan (Schwerpunkt Lungenerkrankungen) und dem in Shanghai (Schwerpunkt Magen- und Darmerkrankungen).
Pionier der naturwissenschaftlichen Atemtherapie in China ist Dr. Liu Kui-chen, der sich in den fünfziger Jahren unseres Jahrhunderts in die aus alten Zeiten überlieferten Atemmethoden (Qigong) vertiefte.
Das älteste Dokument der chinesischen Heilatmung, das bei Ausgrabungen entdeckt wurde, ist eine in einen Jadestab eingravierte Beschreibung einer heilkundlichen Atemmethode, ausgestellt im Museum von Tianjin. Die Inschrift stammt aus dem 6. Jahrhundert v. Chr., ist also 2400 Jahre alt.
Dr. Liu Kui-chen sammelte die in Texten und Familiengeheimnissen schriftlich und mündlich bewahrten alten Techniken und erprobte sie am eigenen Leib. Er sichtete und siebte sie, indem er den Weizen von der Spreu schied und die im Aber- und Wunderglauben wurzelnden magischen und alchimistischen Elemente ausmerzte. Dann gründete er in Tangshan die größte Atemheilanstalt Chinas, in der er in der Regel die sogenannten „hoffnungslosen“ Fälle behandelte, jene Patienten also, bei denen alle anderen modernen naturwissenschaftlichen Heilmethoden versagt hatten.
Die erstaunlichen Erfolge von Dr. Liu Kui-chen – hauptsächlich bei Lungenkrankheiten, Magen- und Darmkrankheiten sowie Nervenkrankheiten, denen die moderne Medizin hilflos gegenüberstand – ließen die Regierungen in Peking und Moskau aufhorchen, die in der Folge die Atemforschung vorantrieben, aufbauend auf der Grundlage der Erfahrungen und Erkenntnisse Dr. Liu Kui-chens.
Im heutigen China steht am Beginn des Schulunterrichts Atemtraining.

Die Verzeichnisse der Atemmethoden (Seite 45) und der Gesundheitsstörungen (Seite 140) ermöglichen es dem Benutzer dieses Ratgebers, gesuchte Stichworte schnell aufzufinden.

1. Sie haben die Wahl: Grippe oder …

Heilatmung: Schwerpunkt Lunge und Luftwege

Daß Lunge und Luftwege von der richtigen Atmung profitieren, bedarf keiner Begründung. Die Atmungsorgane sind ja direkt vom Luftwechsel abhängig und betroffen.
Zwei Hinweise seien dennoch gestattet:
Zum einen wird die Lunge, die sich beim Einatmen ausdehnt, beim Ausatmen vom Zwerchfell (das die Lunge unten begrenzt) durch leichte Pressung einer belebenden Massage unterzogen.
Zum anderen kann Traurigkeit, die nach chinesischer Gesundheitslehre die Lunge angreift und Erkältungen den Boden bereitet, also Schnupfen, Husten und Grippe begünstigt, weggeatmet werden.
Der natürliche Weg, Kummer loszuwerden, wäre unkontrolliertes, hemmungsloses Schluchzen und Weinen. Wenn wir den Kummer aber nicht herauslassen, sondern stauen, bricht er sich gewaltsam Bahn in den Ersatzreaktionen des Niesens und Hustens.
John Selby, der amerikanische Psychologe und Verhaltenswissenschaftler, hat sich mit solchen Zusammenhängen beschäftigt. Er umreißt das Problem klar: „Wenn Sie Tausende kleiner Seufzer unterdrücken, Tausende Male bei kleinen Anlässen das Wasser in ihren Augen zurückhalten und mit zugeschnürter Kehle das Weinen blockieren, haben Sie im ganzen die Summe einer kräftigen Grippe erreicht. Wenn Ihre Atmung und Ihre Gefühle stets spontan auf alle täglichen, kleinen Geschehnisse reagieren, werden Sie auch traurige Gefühle sofort herauslassen können, und Sie werden den normalen Ablauf Ihrer Tätigkeiten nicht unterbrechen müs-

sen. Wenn Sie aber diese natürlichen Reaktionen blockieren, halten Sie lieber ausreichend Taschentücher für die ‚große Entladung' bereit".

Sie können also – nach Selby – wählen, „ob Sie Ihre Emotionen mehr direkt ausdrücken wollen oder eine Grippe benutzen, um ab und zu die angestauten Gefühle zu entladen". Für die erste Möglichkeit steht uns die Atmung zur Verfügung.

Ein neues Schreckgespenst ist Asthma. Die Mediziner schlagen Alarm: Asthma ist heute die häufigste (!) chronische Kinderkrankheit (!). In West- und Mitteleuropa sind schon 8 % (in Österreich 10 %) und in den USA 13 % aller Schulkinder asthmageschädigt.

Die Atemübungen allgemein bewähren sich bei allen Störungen des Atmungsapparates und Lungenkrankheiten sowie bei Erkältungen.

Spezialtips:

Asthma
Alle Methoden der langsamen und sanften Ausatmung, besonders aber die Methoden Nr. 2, 3, 5, 6, 11, 14, 17, 19, 31, 32, 33, 39, 39a, 40, 46, 56, 58, 59, 66, 68, 69, 70, 76, 78

Atemnot
Methoden Nr. 3, 4, 14, 17, 31, 58, 66, 69, 70, 76

Atemweginfektion
Methoden Nr. 2, 5, 6, 8, 11, 16, 17, 23, 28, 31, 33, 66

Bronchitis
Methoden Nr. 5, 6, 11, 17, 19, 28, 31, 32, 33, 39, 39a, 40, 46, 58, 59, 66, 76, 78

Erkältung
Methoden Nr. 5, 6, 7, 8, 9, 10, 11, 31, 32, 46, 49, 78, 79

Fieber (beginnendes, leichtes)
Methoden Nr. 5, 30, 40, 59, 79, 80

Frösteln/Frieren
Methoden Nr. 14, 30, 43, 79

Grippe
Methoden Nr. 5, 6, 31, 32, 46, 49, 79
Halsweh
Methoden Nr. 2, 5, 6, 7, 8, 9, 10, 16, 23, 28, 31, 49
Heiserkeit
Methoden Nr. 8, 31
Husten
Methoden Nr. 5, 8, 11, 19, 31, 33, 66, 78
Kurzatmigkeit
Methoden Nr. 1, 2, 3, 4, 5, 14, 17, 31, 50, 58, 66, 69, 70
Luftröhrenkatarrh (Tracheitis)
Methoden Nr. 6, 8, 31, 66
Lungenblähung (Emphysem)
Alle Methoden, die die Ausatmung betonen, besonders aber die Methoden Nr. 6, 14, 17, 19, 20, 25, 26, 31, 33, 39, 39a, 40, 41, 42, 50, 55, 56, 67, 76
Lungenentzündung
Erleichterung bringen die Methoden Nr. 19, 31, 33
Lungenkrankheiten
Methoden Nr. 2, 5, 6, 11, 17, 19, 25, 31, 33, 55, 68, 76
Mandelentzündung
Methoden Nr. 2, 6, 7, 8, 9, 10, 16, 23, 28, 49, 79
Nebenhöhlenerkrankung
Methoden Nr. 5, 13, 78, 79
Racheninfektion
Methoden Nr. 2, 5, 6, 7, 8, 9, 10, 16, 23, 28, 31, 49, 79
Rippenfellentzündung
Erleichterung bringen die Methoden Nr. 6, 31, 68
Schnupfen/Nasenlaufen/Nasenkatarrh
Methoden Nr. 5, 6, 7, 8, 9, 10, 11, 13, 16, 28, 31, 46, 79
Stimmbandreizung
Methoden Nr. 2, 6, 8, 16, 23
Tuberkulose
Zur Unterstützung der ärztlichen Behandlung dienen unter anderem die Methoden Nr. 5, 6, 19, 31, 33, 68, 75

2. Magen und Co. betreiben Gymnastik

Heilatmung: Schwerpunkt Verdauung und Stoffwechsel

Unter dem Rhythmus – dem Bewegungsspiel – des Zwerchfells, das sich bei der Atmung in der Minute 18mal und in einem Tag 24000mal durchschnittlich 3 cm nach oben und 3 cm nach unten bewegt, betreiben die darunterliegenden Organe, Magen, Milz, Bauchspeicheldrüse, Leber und Galle, Gymnastik.
Mit anderen Worten: das Zwerchfell, das beim Einatmen nach unten drückt und beim Ausatmen zurückweicht, knetet und massiert gleichsam die Eingeweide, wodurch deren Funktionen angeregt und belebt werden, sofern die Atmung gut läuft.
Die Atmung spornt den Magen und durch die Tiefenwirkung der Massage den Darm an, die Nahrung gut zu verwerten und den Rückstand der Stuhlmasse vorwärts zu bewegen und auszuscheiden. Die gute Bauchatmung ist also ein Wundermittel gegen Darmträgheit und Stuhlverstopfung oder Gasbauch. Unter dem Einfluß der Atmung werden zudem mehr Verdauungssäfte produziert.
Die „angeschoppte“, mit Blut überfüllte Leber wird während der Einatmung wie ein Schwamm sanft ausgepreßt, so daß das Blut aus der Leber herzwärts gedrückt wird.
Verdauungsschwierigkeiten, Erkrankungen des Magen-Darm-Trakts sowie Stoffwechselstörungen sind – wie unter anderm die reichen Erfahrungen des Shanghaier Atemsanatoriums belegen – durch Atemübungen allgemein günstig zu beeinflussen.

Spezialtips:

Appetitmangel
Methoden Nr. 9, 31, 33, 49, 60, 74, 77, 78
Bauchspeicheldrüsenstörungen
Methoden Nr. 9, 30, 79
Blähungen
Methoden Nr. 9, 20, 21, 30, 32, 33, 49, 50, 51, 52, 59, 63, 64, 65
Darmstörungen
Methoden Nr. 9, 20, 21, 24, 28, 33, 49, 51, 60, 63, 64, 65
Darmträgheit
Methoden Nr. 9, 20, 21, 24, 31, 33, 49, 50, 51, 52, 58, 59, 60, 63, 64, 65, 67, 74, 76, 77, 78, 80
Durchfall
Methoden Nr. 30, 32, 51, 60
Durstgefühl
Methode Nr. 80
Eß-Sucht
Methoden Nr. 2, 14, 39, 80
Gallenbeschwerden/Gallenstauung
Methoden Nr. 9, 20, 33, 49, 52, 79, 80
Leberschwellung
Methoden Nr. 9, 20, 28, 46, 52, 58, 59, 71, 78, 79, 80
Leberstörungen
Methoden Nr. 9, 10, 20, 28, 46, 52, 58, 59, 71, 78, 79, 80
Magengeschwür/Gastritis (Magenschleimhautentzündung)
Methoden Nr. 3, 4, 9, 28, 33, 51, 64, 65, 76
Magenstörungen
Methoden Nr. 9, 10, 20, 28, 33, 46, 51, 52, 59, 60, 63, 64, 65, 67, 76, 77
Magersucht
Methoden Nr. 17, 28, 46, 74
Milzstörungen
Methoden Nr. 10, 30, 46, 52, 65, 79, 80

Mundgeruch
Methoden Nr. 5, 9, 51, 80
Stoffwechselstörungen
Methoden Nr. 7, 28, 50 – 57, 74, 78
Übergewicht
Methoden Nr. 10, 49, 50 – 57, 74
Verdauungsschwäche
Methoden Nr. 9, 20, 21, 24, 28, 31, 33, 46, 49, 50, 51, 52, 58, 59, 60, 63, 64, 65, 67, 74, 76, 77, 78, 79, 80
Verstopfung
Methoden Nr. 9, 20, 21, 24, 28, 31, 32, 33, 49, 50, 51, 52, 58, 59, 60, 63, 64, 65, 67, 76, 77, 78, 80
Zuckerkrankheit
Zur Unterstützung der ärztlichen Behandlung dienen die Methoden Nr. 30, 50 – 57
Zwölffingerdarmgeschwür
Methoden Nr. 3, 4, 9, 28, 33, 64, 65, 76

3. Wie die Frühlingswärme

Heilatmung: Schwerpunkt Herz und Kreislauf

„Und mein Blutkreislauf wurde kräftiger – so, wie wenn die Frühlingswärme durch die Zweige der Bäume dringt“, schildert in blumiger Sprache ein chinesischer Patient seine Erfahrungen mit der Heilatmung.

Die enge Zusammenarbeit von Lunge und Herz (Kapitel 2, 1.Teil) macht es ohne weiteres verständlich, daß die Atmung eine heilkräftige Wirkung auf Herz, Kreislauf, Gefäße und Blut ausübt.

Dazu kommt, daß der Massagemuskel Zwerchfell, wenn er sich beim Ein- und Ausatmen dehnt oder zusammenzieht, ständig das oberhalb sitzende Herz bearbeitet und gewissermaßen „beflügelt“.

Ferner bohren sich die Hauptkörperschlagader (Aorta), die das sauerstoffreiche Blut zu den Eingeweiden und Beinen führt, und die große untere Hohlvene, die das verbrauchte, kohlendioxidreiche Blut von den Beinen und den Eingeweiden zum Herzen führt, durch das Zwerchfell, so daß die betreffenden Adern unmittelbar gestreckt und gestaucht – also massiert – werden, was dem Gefäßsystem selbst sowie dem Blutumlauf dient. Die Tiefatmung beschleunigt besonders den Abtransport des venösen Blutes aus dem Bauch. Das Zwerchfell wird daher als zweites, als venöses Herz bezeichnet.

In der Schulmedizin ließ in den zwanziger Jahren Professor Dr. med. et phil. Lothar Gottlieb Tirala, ein Münchner Atemgelehrter, aufhorchen. Er entdeckte 1927, wie er selbst formulierte, „daß man durch vertiefte Atmung imstande ist, den gesteigerten Blutdruck zur Norm zurückzuführen und daß man durch fortgesetzte vertiefte Atmung die Blutdruckkrankheit heilen könne. Damit nicht genug, gelang es mir im

Laufe von weiteren Arbeiten auf diesem Gebiet, nicht nur die Blutdruckkrankheiten, sondern eine große Zahl von Kreislaufkrankheiten zu heilen, darunter auch Herz- und Gefäßkrankheiten, von denen sich niemand hätte träumen lassen, daß sie durch ein so einfaches Verfahren wie die fortgesetzte vertiefte und verlängerte Ein- und Ausatmung zur Heilung gebracht werden könnten. Ich sah sehr bald, daß durch die Heilatmung ein neues Verfahren auch der allgemeinen Therapie gewiesen worden sei..."

China wie Indien können mit modernen klinischen Daten aufwarten, die die großen Erfolge der Atemtherapie bei Störungen und Beschwerden des Herz- und Kreislaufsystems bestätigen.

Ein ärztliches Urteil aus dem Yoga-Krankenhaus von Lonavla (Indien): „Pranayama ist eine der besten Übungen für schwache Herzen und Lungen." Die Ärzte des Spitals sprechen von „wunderbaren Ergebnissen" im Bereich Herz- und Lungenkrankheiten.

Der russische Heilgymnastikexperte Prof. Krasnoselski und der japanische Atem-Professor Nakamura behaupten sogar, daß durch gründliche Tiefatmung die Gefahr einer Thrombose (Verstopfung eines Gefäßes durch Blutpfropf) schwindet.

Spezialtips:

Arteriosklerose
Jede gründliche Bauchatmung arbeitet der Gefäßverkalkung entgegen. Besonders bewähren sich aber die Methoden Nr. 17, 25, 39, 41, 74, 78, 79

Blutarmut
Methode Nr. 78

Blutdruck, zu hoher
Methoden Nr. 14, 17, 25, 29, 34, 39, 41, 45, 50, 51, 52, 56, 58, 59, 60, 74, 76, 77, 78

Blutdruck, zu niedriger
Methoden Nr. 3, 14, 29, 34, 45, 50, 51, 52, 56, 58, 59, 78
Cholesterinspiegel, überhöhter
Methode Nr. 74
Durchblutungsstörungen (einschließlich kalter Füße und kalter Hände)
Methoden Nr. 6, 7, 8, 9, 10, 27, 29, 34, 43, 45, 49, 50, 51, 52, 56, 58, 59, 67, 74, 78
Herzbeschwerden
Jede tiefe Bauchatmung mit langsamer, stetiger Ausatmung lindert Herzbeschwerden. Gute Dienste leisten besonders die Methoden Nr. 3, 6, 14, 17, 27, 29, 34, 39, 41, 45, 49, 50, 51, 56, 58, 59, 74, 78
Herzjagen (Herzstolpern, Herzunruhe)
Alle Übungen, die die Ausatmung betonen, besonders aber die Methoden Nr. 2, 3, 6, 14, 17, 27, 29, 34, 39, 41, 45, 49, 50, 52, 58, 59, 60, 78
Herzmuskelschwäche
Methoden Nr. 6, 14, 27, 29, 34, 45, 49, 50, 51, 52, 56, 58, 59, 74, 78
Hitzebeschwerden
Methoden Nr. 2, 39, 80
Kreislaufschwäche
Gründliche Bauchatmung ist ein ideales Kreislaufmittel. Besonders zu empfehlen sind die Methoden Nr. 3, 6, 7, 8, 9, 10, 14, 17, 20, 25, 27, 29, 32, 34, 39, 43, 45, 46, 49, 50, 51, 52, 56, 58, 59, 67, 74, 78, 79
Schwindel/Übelkeit
Methoden Nr. 6, 7, 8, 9, 10, 12a, 14, 28, 29, 34, 44, 53, 56, 58, 59, 60, 78

4. Nutznießer im Unterleib

Heilatmung: Schwerpunkt Harn- und Geschlechtsorgane

Erprobt ist die Atemtherapie überdies bei Erkrankungen des urogenitalen Systems. Die Nieren sowie die Unterleibsorgane sind Nutznießer der gründlichen Zwerchfellatmung.
Dr. Liu Kui-chen, der Bahnbrecher der modernen Atemtherapie in China, Leiter des Sanatoriums in Tangshan, schreibt über seine klinischen Erfahrungen einmal: „Mehrere an Magengeschwüren und Unregelmäßigkeiten der Menstruation leidende Frauen, die seit Jahren oder sogar Jahrzehnten nicht schwanger werden konnten, überwanden nach regelmäßigen Übungen diese Leiden und bekamen später gesunde Kinder."
In der Schwangerschaft selbst sind Atemübungen sehr hilfreich.
Eine andere Erfahrung im atemtherapeutischen Sanatorium von Tangshan: Die Harnquantität wird größer durch Atemübungen.

Spezialtips:

Frauenleiden
Methoden Nr. 10, 19, 21, 28, 30, 32, 33, 62
Harnlaß-Störungen/Blasenentzündung/Blasenschwäche/ Harnverhaltung/Reizblase
Methoden Nr. 10, 21, 28, 30, 31, 32, 33, 58, 60, 62, 78
Menstruationsstörungen
Methoden Nr. 10, 19, 21, 28, 30, 32, 33
Nierenfunktionsstörungen
Methoden Nr. 10, 32, 33, 55, 58, 59, 78
Sexuelle Schwierigkeiten
Methoden Nr. 10, 19, 21, 28, 32, 33

(Die Atemübungen begegnen einerseits dem Triebmangel und dämmen anderseits übermäßige Begierden ein. Insgesamt steigern sie die sexuelle Erlebnisfähigkeit)

5. Krummes wird gerade

Heilatmung: Schwerpunkt Stütz- und Bewegungsapparat

„Viele schwache asthenische Typen mit gekrümmter Rückenhaltung wurden kräftig und haben sich wieder gerade aufgerichtet“, kann Prof. Dr. Liu Kui-chen über erstaunliche Erfolge durch die Atemtherapie in seinem Sanatorium berichten.
Zur Korrektur von Haltungsschäden und zur Kräftigung und Erhaltung der Geschmeidigkeit und Biegsamkeit des Stütz- und Bewegungsapparates sind Atemübungen von großem Nutzen.

Spezialtips:

Gelenksschmerzen, rheumatische
Methoden Nr. 33, 50 – 57
Gewebekrankheiten
(zum Beispiel Bindegewebsschwäche, auch Krampfadern und Hämorrhoiden)
Methoden Nr. 30, 77
Haltungsschäden
Methoden Nr. 47, 49, 50 – 57, 67, 68, 72
Hexenschuß
Methoden Nr. 48, 49, 55
Ischias
Methoden Nr. 46, 48, 49, 55
Kreuzschmerzen
Methoden Nr. 46, 48, 49, 55, 56, 68
Muskelkrankheiten
Methoden Nr. 28, 33, 55

Muskelverspannung, chronische (Muskelkrämpfe, Muskelpanzerung)
Methoden Nr. 2, 4, 26, 28, 31, 39, 50 – 57 (besonders 55), 67, 68
Nackenschmerzen, steifer Hals, Schulterschmerzen
Methoden Nr. 4, 26, 31, 39, 47, 51, 52, 53, 55, 56, 65, 67, 68, 72
Rheumatismus
Methoden Nr. 9a, 33, 48, 50 – 57 (besonders 53)
Rückenschmerzen
Methoden Nr. 31, 46, 47, 48, 49, 52, 54, 55, 65, 68, 72
Rückgratbeschwerden (Bandscheibenbeschwerden)
Methoden Nr. 46, 48, 49, 54, 55, 68

6. Ungeheuer, Dogge und Schulangst

Heilatmung: Schwerpunkt Sinne und Sonstiges

Das Gehirn verordnet gegen Angst Kurzsichtigkeit, die die Gefahr verschwimmen läßt, meint der amerikanische Therapeut Selby.
Ein Beispiel: „Ein Kind", erläutert Selby, „wird mit einer Gefahr konfrontiert, mit irgendeiner Sache, die im Körper langanhaltende Erregung erzeugt. Das können Angst vor einem gewalttätigen Vater sein, erdachte Ungeheuer, die große Dogge des Nachbarn, oder, ganz besonders, Schulängste. Auf irgendeine Weise ist das Kind in einer längerdauernden Angstsituation gefangen, aus der es kein Entrinnen gibt. Es kann vor der Gefahr weder weglaufen, noch kann es sie angreifen und eliminieren. Auch weinen ist nicht angebracht. Welche Möglichkeit bleibt also noch übrig...? Das Kind wird auf irgendeine Weise ‚bewußtlos' werden. Kurzsichtig sein bedeutet, die Außenwelt auf einen ganz kleinen Bereich zu begrenzen und darüber hinaus durch Unschärfe ‚auszublenden'. Das heißt, daß vom visuellen Gesichtspunkt aus gesehen die äußere Gefahr nicht mehr existiert."
Die Bedrohung wird nicht mehr wahrgenommen.
Die Augenmedizin selbst ist zu kurzsichtig, als daß sie jene Wurzel der Kurzsichtigkeit erkennen würde.
Sein persönliches Schicksal hat den amerikanischen Wissenschaftler und Bioenergetik-Fachmann die Zusammenhänge zwischen Kurzsichtigkeit und Atemhemmung erkennen lassen. Selby war in seiner Jugend kurzsichtig und benötigte für eine Distanz von mehr als anderthalb Meter Brillen. Er probierte, um seine Sehkraft zurückzugewinnen, allerlei Heil-

methoden aus, die durchweg versagten. Erst als er im Rahmen Reich'scher Therapie seine auf Angstreaktionen fußenden Atemmuster korrigierte, konnte er zur Verblüffung seines Augenarztes auf Brillen verzichten. Er ging der Sache in experimenteller Forschung auf den Grund und machte dabei eine merkwürdige Entdeckung: „Ich habe nicht einen einzigen kurzsichtigen Menschen kennengelernt, der nicht unter Atemhemmungen in Verbindung mit Angstreaktionen in der Kindheit litt."

Selby hat daher ein praktisches Programm der Atemmodifikation und emotionalen Heilung für Kurzsichtige entwickelt.

Unter den Wirkungen der Atemtherapie im „Reich der Sinne" greifen wir zwei heraus.

Spezialtips:

Hörschwäche

Methoden Nr. 23, 32, 33, 80

Sehschwäche

Methoden Nr. 28, 29, 36, 53, 55, 56, 80

Nach Dr. med. Schmitt, dem bahnbrechenden deutschen Atemkundler, verfeinert die Atementfaltung sogar ein schlechtes Gehör, das heißt, sie macht uns musikalischer.

***

Gute Dienste leistet die Atemtherapie ferner bei:

Abwehrschwäche

Methoden Nr. 14, 17, 25, 31, 32, 33, 35, 37, 46, 49, 50 – 57, 77, 78, 79

Altern, vorzeitiges

Die Alchimisten Altchinas bauten auf Atemtechniken, wenn sie nach Unsterblichkeit strebten. Der angesammelte kosmische Lufthauch sollte den Greis zum Jüngling wandeln.

Mit Unsterblichkeit kann die Atemtherapie zwar nicht dienen, wohl aber mit Langlebigkeit. Der Heilatem ist in der Tat ein Jungbrunnen, der uns hilft, die Lebensspanne zu verlängern, biologische Verfallserscheinungen zu bremsen und Rüstigkeit im Alter zu bewahren.

„Mein hohes Alter“, erklärte Peng-zu, Chinas mythologischer Methusalem, „verdanke ich dem Ein- und Ausatmen“.

Atemmethoden, um der Senilität und Verkalkung vorzubeugen und Jugendfrische zu bewahren:

Methoden Nr. 9, 10, 32, 35, 49, 50 – 57, 59, 67, 78, 79

Hautkrankheiten (wie Akne, Juckreiz oder welker Teint)

Methoden Nr. 31, 33

Lymphstauungen

Methode Nr. 46

Schilddrüsenstörungen

Methoden Nr. 7, 50 – 57, 78

Schmerzen

Methode zur Schmerzlinderung: Nr. 38

7. Unser Radarschirm

Heilatmung: Schwerpunkt Seele und Geist

Der Atem, vergleicht der tibetische Heilkundige Tarthang Tulku für westliches Publikum, ist wie ein Radarschirm, an dem wir bei uns und bei anderen alle Anzeichen von Emotionen ablesen können.
Angst, Sorge, Streß, Schock, Erschütterung, Belastung, Traurigkeit, ja alle Seelenregungen greifen in die Atmung ein und prägen ein charakteristisches, der Situation angepaßtes Atemmuster. Unsere Gemütslage spiegelt sich jeweils in einer typischen Atmungsform.
Der Schock beispielsweise in einer kurzen heftigen Einatmung, gefolgt von Atemanhalten: das ist das Atemmuster des Erschreckten. Der Bedrückte atmet stoßweise, der Wütende schnell (er schnappt nach Luft), der Unzufriedene flach, der Friedvolle langsam, der Geduldige oder Gleichmütige lang...
Die Atmung reagiert also sofort auf jede Stimmung und alle Lebensumstände.
Die Einsicht, daß Atmung und Seelenkräfte voneinander abhängen, hat schon die alten Griechen bewogen, umgekehrt durch Atemmodifikation die Gefühle in den Griff zu bekommen, die Empfindungen zu kontrollieren sowie Seelenleiden und seelisch bedingte körperliche Leiden (psychosomatische Krankheiten) zu unterbinden beziehungsweise zu heilen.
Der Atem ist aber nicht nur mit dem Seelischen verwoben, sondern ebenso mit dem Geistigen. Die Wechselwirkung zwischen Atem und Geist erschließt uns die Möglichkeit, durch Atemtechniken Gedächtnis, Konzentrationskraft, Geistesgegenwart, schöpferische Kraft und überhaupt unsere intellektuellen Fähigkeiten zu steigern und zu verbessern.

Das Gehirn, unser Denkorgan und die Kommandozentrale des Nervensystems, wird in der Vollatmung durch verbesserte Sauerstoffversorgung und Durchblutung leistungsfähiger. Denn die Sauerstoffnot des Gehirns bewirkt vielerlei mentale Störungen. Die regelmäßige Tiefatmung beruhigt, wie klinische Beobachtungen und Experimente in China und Japan zeigen, die Großhirnrinde. Das stärkt die Abwehrkräfte des Körpers, beschleunigt die Genesung im Krankheitsfall und beugt Bluthochdruck und seelischer Labilität vor. Umgekehrt beirrt eine überreizte Gehirnrinde die Organfunktionen und Lebensvorgänge.

Das Nervensystem insgesamt – das vegetative (unwillkürliche) wie das zentrale (willkürliche) – wird durch die Heilatmung aktiviert.

Das vegetative Nervensystem, vom Sympathicus und Parasympathicus gelenkt, beherrscht das nicht mit dem Willen zu beeinflussende Körpergeschehen: es kontrolliert zum Beispiel Blutdruck, Herzschlag, Verdauung, Stoffwechsel, Nierenfunktion usw.

Durch richtige Atmung können wir die beiden Zentralen im Gleichgewicht halten: Einatmen regt den Sympathicus und Ausatmen den Parasympathicus an.

Ist der Parasympathicus überspannt, verkrampfen sich die Verdauungsorgane, der Herzschlag erlahmt und der Blutdruck sinkt. Ist der Sympathicus überspannt, erschlaffen Magen und Darm, rast das Herz und der Blutdruck steigt.

Sri Aurobindo (1872 – 1950), einer der größten Weisen Indiens in neuerer Zeit, der das philosophische Gedankengut Indiens und Europas zu verbinden bestrebt war, berichtete einmal, daß er normalerweise schon überfordert war, wenn er nur ein Dutzend Verse dichten und im Gedächtnis behalten wollte. Nach Pranayama schaffte er 200 Verse, so sehr erweckten die Atemübungen seine Schaffenskraft, Intuition und Merkfähigkeit.

Ein deutscher atemtherapeutischer Pionier, Dr. Egenolf,

heilte Stottern durch Atmung. Er demaskierte das Stottern als Folge von Atemstauung.

Dr. Egenolf kleidete seine Einsicht in ein idyllisches Bild seiner Zeit: „Ein fließendes Bächlein, in seiner rauschenden Bewegung ungehemmt, treibt das Mühlrad. Ein ungezogener Knabe staut durch ein Brett das Wasser ab. Der Müller, der wahrnimmt, daß das Mühlrad immer langsamer geht, ja, daß es anfängt zu ‚stuckern', bemüht sich nun, mit allem möglichen Handwerkszeug das Mühlrad selbst zu untersuchen, um den Fehler festzustellen. Er findet nichts, und seine Bemühungen bleiben erfolglos. Plötzlich fällt ihm ein, das Bächlein entlang zu gehen, und unschwer entdeckt er nunmehr den wahren Grund. Er nimmt das Brett weg, und das Mühlrad läuft wieder regelmäßig wie zuvor."

„Ganz ähnlich", behauptete Dr. Egenolf, „ist es beim Stotterer. Statt an den Sprechwerkzeugen, die angeblich und auch äußerlich gesehen nicht funktionieren, herumzudoktern, muß man sich darauf besinnen, daß es sich hier um die Stockung des Atemflusses zu den Sprechwerkzeugen handelt. Diese Stockung aber besteht in einem Atemkrampf, der sich öfters und unregelmäßig wiederholt."

Dr. Egenolf hatte Grund, sich seiner Sache sicher zu sein: „Die Wegnahme dieses Atemkrampfes durch die zielbewußte Ausatmung ist mir bisher noch in jedem Fall gelungen. War sich dann der Stotterer der richtigen Atemfunktion bewußt, dann fiel das Nervöse ganz von selber weg."

Er faßte zusammen: „Beim Stotterer handelt es sich primär um die Atemstauung und erst sekundär um das nervöse Element. Und wenn die Psychotherapie in dem Stotterer als Ursache seines Leidens ein psychisches Manko sieht, so geht sie an dem natürlichsten aller Vorgänge vorbei, nämlich an der Korrektur der Atmung."

Ein Schlüssel zu Verstand und Denken ist besonders die Nasenwechselatmung (vgl. S. 131 ff.). Die Atmung durch das linke Nasenloch belebt bekanntlich die rechte Gehirnhälfte,

die zum Beispiel für Phantasie und Kreativität verantwortlich ist, die in einer rationalistischen Gesellschaft in der Regel zu kurz kommen.
Die Atmung ist alles in allem ein Heilfaktor ersten Ranges im emotionalen und mentalen Bereich. Sie fördert u. a. das klare, zielstrebige, logische Denken und das Persönlichkeitswachstum, schärft den Verstand und das Urteilsvermögen, stärkt das Selbstbewußtsein, die Selbständigkeit, das sichere Auftreten und die Ausstrahlung, hebt die Stimmung, beschwingt das Lebensgefühl, weckt die Lebensgeister, erhöht die geistige Spannkraft und Regsamkeit und läßt uns einen kühlen Kopf bewahren.
Das Spektrum der seelisch-geistigen-nervlichen Störungen, die durch Atemübungen zu beheben oder abzumildern sind, ist breit.

Spezialtips:

Angstzustände
Methoden Nr. 2, 3, 4, 5, 6, 10, 15, 18, 29, 32, 35, 36, 37, 40, 73, 74, 78
Apathie (Teilnahmslosigkeit)
Methoden Nr. 4, 6, 14, 15, 28, 29, 43, 50 – 57, 61, 76, 78, 79
Begriffsstutzigkeit („lange Leitung")
Methoden Nr. 5, 8, 12, 15, 29, 30, 33, 40, 76, 78, 79
Benommenheit
Methoden Nr. 5, 8, 12, 15, 29, 33, 40, 44, 76, 78, 79
Depression (Verstimmung)
Alle Methoden mit langsamer, stetiger, tiefer Einatmung, besonders aber die Methoden Nr. 1, 5, 6, 7, 8, 9, 10, 14, 15, 18, 28, 29, 31, 32, 35, 37, 43, 50 – 57, 60, 74, 76, 77, 78, 79
Energiemangel (Müdigkeit, Schlappheit, Schläfrigkeit, Entkräftung)
Methoden Nr. 2, 4, 5, 6, 7, 8, 9, 10, 14, 15, 18, 28, 29, 30, 32, 35, 39, 40, 40a, 43, 44, 49, 50 – 57, 61, 73, 75 76, 79

Erschöpfung, nervöse
Methoden Nr. 4, 5, 6, 7, 8, 9, 10, 14, 15, 18, 27, 29, 30, 32, 34, 35, 37, 40, 43, 44, 49, 56, 60, 76, 78, 79
Fassungslosigkeit
Methoden Nr. 3, 5, 10, 15, 18, 26, 29, 40, 54, 56, 76, 78
Gefühlsarmut
Methoden Nr. 15, 29, 76
Konzentrationsschwäche
Methoden Nr. 1, 5, 8, 12, 15, 29, 30, 33, 40, 40a, 50, 56, 60, 76, 78, 79
Kopfschmerzen (Migräne)
Methoden Nr. 2, 5, 6, 10, 15, 22, 26, 27, 28, 29, 39, 60, 78
Lampenfieber
Methoden Nr. 2, 3, 4, 5, 10, 15, 18, 27, 29, 40, 49, 59, 60, 78
Lernschwäche
Methoden Nr. 1, 5, 8, 12, 15, 29, 30, 33, 40, 60, 78, 79
Melancholie
Methoden Nr. 1, 4, 5, 6, 7, 8, 9, 10, 14, 15, 18, 29, 31, 35, 37, 43, 50 – 57, 60, 61, 74, 76, 77, 78, 79
Minderwertigkeitsgefühle
Methoden Nr. 6, 7, 8, 9, 10, 15, 18, 29, 31, 36, 73, 74, 78
Mißtrauen
Methoden Nr. 10, 15, 18, 29, 34, 35, 36, 37, 76, 78
Mutlosigkeit
Methoden Nr. 3, 4, 5, 6, 7, 8, 9, 10, 15, 18, 29, 31, 37, 43, 50 – 57, 73, 74
Nervosität (Rastlosigkeit)
Methoden Nr. 1, 2, 4, 5, 10, 15, 22, 29, 37, 39, 40, 49, 50 – 57, 59, 60, 78
Neurasthenie (Nervenschwäche)
Methoden Nr. 14, 15, 27, 29, 34, 37, 49, 50 – 57, 61, 76, 78, 79
Nikotinsucht
Methoden Nr. 15, 39, 78, 80

Pessimismus
Methoden Nr. 1, 4, 6, 7, 8, 9, 10, 14, 15, 18, 29, 31, 35, 37, 43, 50 – 57, 74, 76, 77, 78
Phantasiemangel
Methoden Nr. 8, 29, 79
Prüfungsangst
Methoden Nr. 2, 3, 4, 5, 10, 15, 18, 27, 29, 40, 49, 59, 60, 78
Reisekrankheit
Methoden Nr. 5, 12a, 14
Reizbarkeit
Methoden Nr. 1, 2, 5, 10, 15, 22, 26, 28, 29, 34, 37, 39, 40, 49, 54, 59, 60, 75, 78
Schlaflosigkeit
Methoden Nr. 1, 2, 3, 4, 5, 6, 10, 15, 22, 26, 27, 29, 30, 31, 32, 35, 39, 40, 50 – 57 (besonders 54), 58, 59, 60, 76, 78
Schüchternheit
Methoden Nr. 6, 7, 8, 9, 10, 15, 18, 29, 36, 37, 73
Selbsttäuschung
Methoden Nr. 1, 8, 12, 15, 29
Stottern/Sprachfehler
Methoden Nr. 8, 10, 15
Streß
Methoden Nr. 1, 2, 3, 4, 6, 10, 14, 15, 17, 22, 26, 27, 29, 35, 39, 40, 50 – 57, 74, 78, 79
Unbeherrschtheit
Methoden Nr. 1, 10, 15, 18, 26, 28, 29, 34, 40
Unlust (Antriebslosigkeit)
Methoden Nr. 1, 5, 14, 15, 28, 29, 35, 43, 61, 78, 79
Unsicherheit
Methoden Nr. 1, 6, 7, 8, 9, 10, 15, 18, 29, 36, 37, 73, 78
Vegetative Dystonie
(Funktionsstörungen durch Fehlregulation des vegetativen Nervensystems) und von ihr hervorgerufene Leiden wie Allergiebereitschaft, Appetitmangel, zu hoher oder zu niedriger Blutdruck, Frühjahrsmüdigkeit, Händezittern, Herz-

rhythmusstörungen, Konzentrationsstörungen, Kopfweh, Leistungsschwäche, Migräne, Nervosität, Niedergeschlagenheit, Reizblase, Schlaflosigkeit, Schweißausbrüche, Schwindel, Verdauungsbeschwerden oder Wetterfühligkeit
Methoden Nr. 1, 3, 4, 6, 9, 15, 18, 20, 26, 27, 29, 34, 35, 40, 49, 50 – 57, 60, 61, 78, 79

Vergeßlichkeit
Methoden Nr. 8, 12, 15, 29, 30, 40, 40a, 53, 57, 78, 79

Verkrampfung
Methoden Nr. 1, 2, 3, 4, 6, 10, 15, 18, 26, 29, 35, 39, 40, 49, 50 – 57, 78

Verwirrung, gedankliche
Methoden Nr. 1, 5, 8, 12, 15, 26, 29, 30, 33, 35, 40, 40a, 76, 78, 79

Willensschwäche
Methoden Nr. 5, 14, 15, 18, 28, 29, 50 – 57, 79

Zerstreutheit
Methoden Nr. 1, 5, 8, 12, 15, 29, 30, 33, 40, 50, 56, 76, 78, 79

Zorn
Methoden Nr. 1, 4, 10, 15, 18, 26, 28, 29, 35, 40, 54, 56

Anhang
TAIJI-KURS

Chinesisches Schattenboxen

Nachdem wir die Grundschule der Heilatmung und der Atemtherapie absolviert haben, eröffnen wir für vorwärtsdrängende, nach Perfektion strebende Leser im Anhang die Hohe Schule der Atemgymnastik mit einem Taiji-Kurs. Das chinesische Schattenboxen ist die höchstentwickelte – sprich heilsamste – Atemgymnastik, die die Menschheit hervorgebracht hat.
Wer also die erlernte Idealatmung tagtäglich bewußt pflegen will, praktiziere morgens oder (und) abends Taiji. Das ist überhaupt nicht zeitraubend. Denn die Ausführung des gesamten aus 24 Formen bzw. 174 Figuren bestehenden Programms nimmt bloß 5 bis 10 Minuten in Anspruch.
Sobald Sie die in unserem Ratgeber entfaltete rhythmische volle Tiefatmung beherrschen, können Sie beginnen, die fließenden Bewegungen des chinesischen Schattenboxens zu erlernen, die sich an die natürliche Atmung anschmiegen wie strömendes Wasser an den Stein. Schließende Bewegungen verbinden sich mit dem Ausatmen, sich öffnende Bewegungen mit dem Einatmen.
Bei täglicher Übung ist Taiji in einem halben Jahr erlernbar, wenn Sie jede Woche eine Form durchnehmen.
Versetzen Sie sich gleichsam in die Bilder, die Sie zum Leben erwekken; die Pfeile der Zeichnungen und die erläuternden Texte helfen Ihnen dabei.
Lediglich zum Zweck des Lernens „zerhacken" wir die Bewegungen. Im Grunde sind aber alle 174 Figuren des Taiji nur eine einzige Bewegung. Die eine Einheit bildenden Bewegungen sind locker, weich, rund, spielerisch, langsam (im Zeitlupentempo), gleitend, frei. Die sanfte Bewegungskunst wird ohne Kraftanstrengung ausgeführt. Taiji ist wie ein Tanz im Rhythmus der Natur.

Form I: Die Kraft vorbereiten (Figuren 1 bis 4)
Figur 1: Wir stehen locker aufrecht, zwischen den Füßen ein schulterbreiter Abstand.
Figuren 2 und 3: Wir erheben vor uns langsam die Arme bis auf Schulterhöhe.
Figur 4: Bei aufrechtem Oberkörper beugen wir leicht die Knie und senken langsam die Arme bis auf Nabelhöhe.

Form II: Die Mähne des Wildpferdes scheiteln (Figuren 5 bis 19)
Figuren 5 und 6: Den Oberkörper leicht nach rechts drehend, verlagern wir das Körpergewicht auf das rechte Bein. Gleichzeitig lassen wir die Hände kreisen – die rechte nach oben, die linke nach unten –, bis die Handflächen vor der Brust einander gegenüberliegen, als wollten sie einen Ball festhalten. Das linke Bein ziehen wir dabei an das rechte heran, wobei die linke Fußspitze neben der rechten Fußsohle den Boden berührt.
Figuren 7, 8 und 9: Wir drehen den Körper nach links und machen mit dem linken Fuß einen Schritt nach links, das Gewicht auf das abgebogene linke Bein verlagernd. Gleichzeitig mit der Wendung nach links heben wir den linken Arm, bis sich die Handfläche in Augenhöhe befindet, während wir den rechten Arm auf Hüfthöhe senken.

Figuren 10, 11 und 12: Wir verlagern das Körpergewicht auf das rechte Bein, wobei sich die Spitze des linken Fußes hebt, drehen den linken Fuß auf der Ferse nach außen und verlagern erneut das Gewicht auf das linke Bein. Zugleich lassen wir die Hände die Geste des Ballhaltens einnehmen (diesmal linke Hand oben). Dann ziehen wir den rechten Fuß mit der Spitze an den linken heran.
Figuren 13 und 14: Uns leicht nach rechts drehend, machen wir mit dem rechten Bein einen Schritt nach rechts und verlagern das Gewicht auf das rechte Bein. Den rechten Arm erheben wir, bis sich die Handfläche in Augenhöhe befindet, während wir den linken Arm auf Hüfthöhe senken.
Figuren 15, 16 und 17: wie 10, 11 und 12, jedoch seitenverkehrt.
Figuren 18 und 19: wie 13 und 14, jedoch seitenverkehrt.

Form III: Der weiße Kranich öffnet seine Flügel (Figuren 20 bis 22)
Figur 20: Wir drehen den Oberkörper leicht nach links und führen vor dem Brustkorb die Geste des Ballhaltens (linke Hand oben) aus.
Figuren 21 und 22: Wir machen mit dem rechten Fuß einen gleitenden halben Schritt in Richtung linker Fuß und verlagern das Gewicht auf den rechten Fuß. Die linke Ferse lösen wir vom Boden. Im selben Moment erheben wir die rechte Hand bis zur Höhe der Schläfe, die linke senken wir neben die Hüfte.

23 24 25 26 27

33 34 35 36 37

Form IV: Über das Knie streichen (Figuren 23 bis 37)
Figuren 23, 24 und 25: Wir drehen den Oberkörper leicht nach links. Die rechte Hand bewegt sich dabei abwärts, die linke aufwärts. Dann drehen wir den Oberkörper nach rechts, während die rechte Hand bis zur Höhe des Ohrs kreist und die linke Hand bis vor die rechte Seite des Brustkorbs kurvt.
Figuren 26 und 27: Den Oberkörper nach links drehend, machen wir mit dem linken Fuß einen Schritt nach vorn – mit Gewichtsverlagerung auf das abgebogene linke Bein. Zugleich stößt die rechte Hand nach vorn, während sich die linke Hand senkt – über das Knie streichend – und neben der Hüfte stoppt.
Figuren 28, 29 und 30: Wir verlagern das Gewicht auf den rechten Fuß und drehen den linken Fuß auf der Ferse leicht nach außen. Dann verlagern wir das Gewicht erneut auf das linke Bein, die ganze Fußsohle auf den Boden setzend. Wir ziehen den rechten Fuß an den linken heran, wobei wir nur die Fußspitze auf dem Boden abstellen. Gleichzeitig erheben wir die linke Hand seitlich bis auf Schulterhöhe, während wir die rechte Hand einen Bogen nach links beschreiben lassen bis links vor der Brust.
Figuren 31 und 32: wie 26 und 27, jedoch seitenverkehrt.
Figuren 33, 34 und 35: wie 28, 29 und 30, jedoch seitenverkehrt.
Figuren 36 und 37: wie 26 und 27.

28 29 30 31 32

38 39 40

Bewegt euch
leicht und
langsam
wie die
im sanften Wind
schwebende
Wolke
(Meister
Wang Chung Yueh)

Form V: Gitarre spielen (Figuren 38 bis 40)
Figuren 38, 39 und 40: Wir machen mit dem rechten Fuß – auf den Zehen gleitend – einen halben Schritt in Richtung linke Ferse und verlagern das Gewicht auf das rechte Bein. Den linken Fuß heben wir an und setzen dessen Ferse eine Spur weiter vorn auf den Boden. Zur selben Zeit erheben wir die linke Hand (Handfläche nach rechts) auf Nasenhöhe und senken die rechte Hand (Handfläche nach links) bis zur Höhe des linken Ellenbogens.

Form VI: Zurücktreten und Arme beugen (Figuren 41 bis 53)
Figuren 41 und 42: Wir wenden den Oberkörper leicht nach rechts. Die rechte Hand beschreibt einen Halbkreis rückwärts bis auf Schulterhöhe.
Figuren 43 und 44: Während wir mit dem linken Fuß einen Schritt nach hinten machen, stoßen wir mit der rechten Handfläche nach vorn und ziehen die linke Hand zurück. Das Körpergewicht verlagern wir nach links.
Figur 45: Wir drehen den Oberkörper leicht nach links. Die linke Hand kreist mit nach oben weisender Handfläche nach hinten bis auf Schulterhöhe. Gleichzeitig kehren wir die Handfläche der rechten Hand nach oben.

41 42 43 44 45

51 52 53 54 55

62 63 64 65 66

Figuren 46 und 47: wie 43 und 44, jedoch seitenverkehrt.
Figur 48: wie 45, jedoch seitenverkehrt.
Figuren 49 und 50: wie 43 und 44.
Figur 51: wie 45.
Figuren 52 und 53: wie 43 und 44, jedoch seitenverkehrt.

Form VII: Den Vogelschweif ergreifen, links (Figuren 54 bis 66)
Figur 54: Wir heben die rechte Hand seitlich hoch auf Schulterhöhe. Die linke Handfläche kehren wir nach unten.
Figuren 55 und 56: Wir drehen den Körper leicht nach rechts und ziehen den linken Fuß neben den rechten, wobei nur die Zehenspitzen den Boden berühren. Zugleich formen wir mit den Händen die Ballhalteposition (mit rechter Hand oben).

46 47 48 49 50

56 57 58 59 60 61

Figuren 57 und 58: Den Körper nach links drehend, machen wir mit dem linken Fuß einen Schritt vorwärts. Das Gewicht verlagern wir auf das eingeknickte linke Bein. Gleichzeitig heben wir die linke Hand (Handfläche nach innen) auf Schulterhöhe und senken die rechte Hand (Handfläche nach unten) auf Hüfthöhe.
Figuren 59 und 60: Während wir das Gewicht nach rechts verlagern, beschreiben beide Hände vor dem Bauch einen Halbkreis, bis die leicht gestreckte rechte Hand (Handfläche nach oben) Schulterhöhe erreicht und der linke Vorderarm (Handfläche nach innen) vor dem Brustkorb liegt.
Figuren 61 und 62: Wir drehen den Körper leicht nach links und führen die rechte Hand zum linken Handgelenk (die Handflächen zeigen zueinander). Dann schieben wir beide Hände langsam vorwärts. Gleichzeitig verlagern wir das Körpergewicht nach links.
Figuren 63, 64 und 65: Wir drehen beide Handflächen nach unten, wenn wir die rechte Hand nach vorn und rechts bewegen, bis sie auf gleicher Höhe wie die linke Hand ist. Dann ziehen wir beide Hände bis zum Bauch zurück, uns gleichsam „zurücksetzend“ und das Gewicht auf das rechte Bein verlagernd, wobei sich die Spitze des linken Fußes hebt.
Figur 66: Wir schieben langsam die Hände nach vorn und nach oben, bis die Handgelenke Schulterhöhe erreicht haben, das Körpergewicht auf das linke Bein verlagernd, das wir abbiegen.

67 68 69 70 71

77 78 79 80 81

Form VIII: Den Vogelschweif ergreifen, rechts (Figuren 67 bis 80)
Figuren 67, 68, 69 und 70: Wir „setzen" uns zurück und verlagern das Gewicht auf das rechte Bein. Den Rumpf drehen wir nach rechts und die linke Fußspitze nach innen. Mit den Händen bilden wir die Position des Ballhaltens (mit linker Hand oben), während wir das Gewicht auf das linke Bein verlagern. Den rechten Fuß ziehen wir mit angehobener Ferse an den linken heran.
Figuren 71 und 72: wie 57 und 58, jedoch seitenverkehrt.
Figuren 73 und 74: wie 59 und 60, jedoch seitenverkehrt.
Figuren 75 und 76: wie 61 und 62, jedoch seitenverkehrt.
Figuren 77, 78 und 79: wie 63, 64 und 65, jedoch seitenverkehrt.
Figur 80: wie 66, jedoch seitenverkehrt.

Form IX: Peitsche (Figuren 81 bis 86)
Figuren 81 und 82: Wir verlagern, uns „zurücksetzend", das Körpergewicht auf den linken Fuß und drehen die Spitze des rechten Fußes einwärts. Dabei wenden wir den Rumpf nach links. Ebenso bewegen wir die beiden Hände nach links (die linke Hand oben), bis der linke Arm (Handfläche nach außen) seitlich auf Schulterhöhe ist und die rechte Hand (Handfläche schräg nach innen) vor den linken Rippen liegt.

(72) (73) (74) (75) (76)

(82) (83) (84) (85) (86)

Figuren 83 und 84: Wir verlagern das Gewicht zurück auf das rechte Bein, während wir die linke Hand im Bogen bis vor den Bauch senken und die rechte Hand im Bogen bis zur Höhe der rechten Schulter heben. Wir ziehen den linken Fuß an den rechten heran und setzen ihn auf den Zehenspitzen ab. Gleichzeitig erheben wir die linke Hand bis auf die Höhe des rechten Schlüsselbeins, und die rechte Hand bildet mit eingekrümmten Fingern einen „Adlerschnabel".
Figuren 85 und 86: Wir machen mit dem linken Fuß einen Schritt nach links. Während wir das Gewicht auf den linken Fuß verlagern, stoßen wir mit der linken Hand nach vorn – mit den Fingerspitzen in Augenhöhe.

Form X: Wolkenhände (Figuren 87 bis 101)
Figuren 87, 88 und 89: Wir verlagern das Körpergewicht auf das rechte Bein und drehen den Körper nach rechts. Die linke Hand beschreibt einen Bogen hinab zum Bauch und hinauf zur rechten Schulter. Gleichzeitig öffnet die rechte Hand den Haken.
Figuren 90 und 91: Uns nach links drehend, verlagern wir das Gewicht nach links. Dabei kurvt die linke Hand am Gesicht vorbei (Handfläche dreht sich nach außen). Und die rechte Hand beschreibt einen Bogen abwärts am Bauch vorbei und aufwärts zur Schulter (Handfläche dreht sich schräg nach innen). Gleichzeitig ziehen wir den rechten Fuß näher an den linken heran.

87 88 89 90 91 92

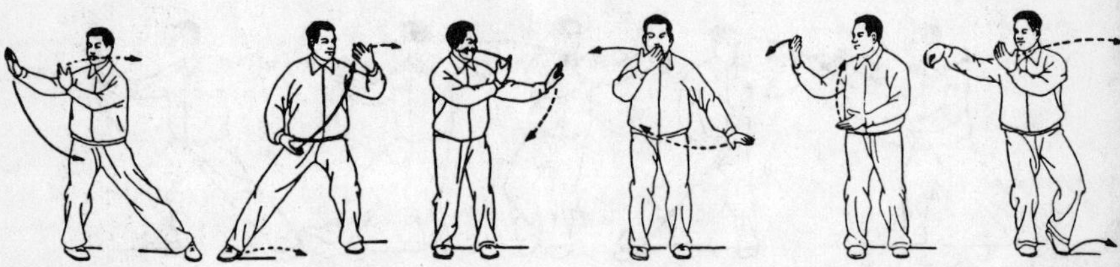

99 100 101 102 103 104

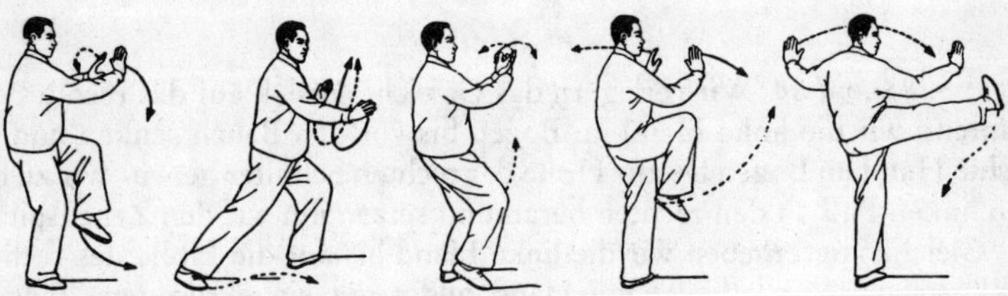

110 111 112 113 114

Figuren 92, 93 und 94: Uns nach rechts drehend, verlagern wir das Gewicht nach rechts. Die rechte Hand setzt ihre Kreisbewegung nach rechts fort am Gesicht vorbei, wobei sich die Handfläche nach außen dreht. Und die linke Hand setzt ihre Kreisbewegung fort am Bauch vorbei bis zur Höhe der Schulter, wobei sich die Handfläche schräg nach innen dreht. Der linke Fuß macht einen Schritt seitwärts.
Figuren 95 und 96: wie 90 und 91; *Figuren 97, 98 und 99:* wie 92, 93 und 94; *Figuren 100 und 101:* wie 90 und 91.

Form XI: Peitsche (Figuren 102 bis 106)
Figuren 102, 103 und 104: Wir drehen den Rumpf nach rechts. Zugleich bewegt sich die rechte Hand nach rechts und bildet einen „Adlerschnabel", während die linke Hand die Kreisbewegung fortsetzt bis zur rechten Schul-

93 94 95 96 97 98

105 106 107 108 109

ter. Das Gewicht wird nach rechts verlagert. Die Spitze des linken Fußes ruht auf dem Boden.

Figuren 105 und 106: wie 85 und 86.

Form XII: Ein Roß streicheln (Figuren 107 und 108)

Figur 107: Wir machen mit dem rechten Fuß einen halben Schritt nach vorn und verlagern das Gewicht nach rechts. Beide Handflächen kehren wir nach oben. Die linke Ferse hebt sich vom Boden ab.

Figur 108: Wir drehen den Körper leicht nach links und schieben die rechte Hand in Augenhöhe vorwärts. Die linke Hand ziehen wir zurück zur Hüfte.

Form XIII: Rechtes Bein vorstoßen (Figuren 109 bis 114)

Figuren 109, 110 und 111: Wir überkreuzen die Handgelenke (rechte Hand außen). Während wir den linken Fuß heben und einen Schritt nach vorn machen, beschreibt jede Hand einen Bogen nach unten.

Figur 112: Beide Hände setzen ihre Kreisbewegungen fort, bis sie sich vor der Brust kreuzen. Gleichzeitig ziehen wir den rechten Fuß mit der Spitze an den linken heran.

Figuren 113 und 114: Während wir die Hände in Schulterhöhe seitlich ausstrecken, heben wir das rechte Bein mit gebeugtem Knie und strecken den Fuß nach vorn.

115

116

117

118

119

125

126

127
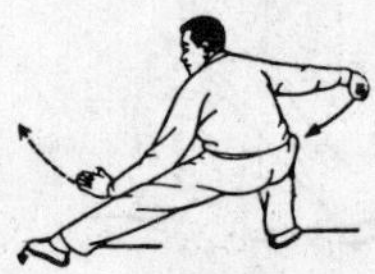
128

129

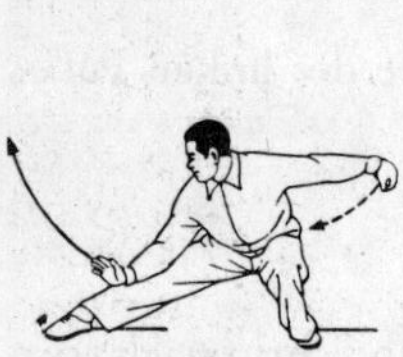
135

136

137

138

Form XIV: Die Ohren des Gegners treffen (Figuren 115 bis 118)
Figuren 115 und 116: Wir ziehen den rechten Fuß zurück, indem wir das Knie beugen. Die Hände bringen wir vor dem Brustkorb zusammen und lassen sie schließlich – beide Handflächen schräg nach oben kehrend – nach unten gleiten an beide Seiten des Knies.
Figuren 117 und 118: Wir senken den rechten Fuß. Während wir das Gewicht nach rechts verlagern, gehen beide Hände nach unten und bilden lokkere Fäuste. Dann führen die Fäuste, sich im Bogen aufwärts und vorwärts bewegend, eine Zangenbewegung (die Fingerknöchel zeigen schräg nach oben) aus, bis sie in Ohrhöhe vor dem Gesicht ca. 20 cm entfernt sind.

Form XV: Wenden und linkes Bein vorstoßen (Figuren 119 bis 124)
Figuren 119 und 120: Uns nach links drehend, verlagern wir unser Gewicht auf das linke Bein, das wir beugen. Die erhobene rechte Fußspitze dreht sich

120

121

122

123

124

130

131

132

133

134

nach innen. Die Fäuste öffnend, strecken wir die Hände seitlich in Schulterhöhe aus.

Figuren 121 und 122: Wir verlagern das Gewicht nach rechts und ziehen den linken Fuß an den rechten heran und setzen ihn nur mit der Fußspitze auf. Zur selben Zeit kreisen beide Hände seitlich zuerst nach unten und dann nach oben, bis sie sich vor der Brust kreuzen (rechter Handrücken gegen die Innenseite des linken Handgelenks, beide Handflächen nach innen).

Figuren 123 und 124: Während wir die Hände in Schulterhöhe seitlich ausstrecken (die Ellbogen bleiben leicht angewinkelt, die Handflächen zeigen nach außen), erheben wir das linke Bein mit abgebogenem Knie und strekken den Fuß nach vorn.

Form XVI: Hinunter drücken und auf dem linken Bein stehen (Figuren 125 bis 131)

Figuren 125 und 126: Wir ziehen den linken Fuß ein, das Bein abwinkelnd. Mit der rechten Hand formen wir einen „Adlerschnabel", während die linke Hand im Bogen zur rechten Schulter zieht.

Figuren 127 und 128: Wir gehen mit dem rechten Standbein in kauernde Stellung und strecken das linke Bein seitwärts aus, wobei die linke Hand der Bewegung des linken Fußes folgt.

Figur 129: Wir verlagern das Gewicht nach links, das linke Bein abbiegend und das rechte streckend. Der linke Arm setzt die Bewegung nach vorn fort (Handfläche nach rechts), während die rechte Hand hinter dem Rücken hinunterfällt, wobei die Fingerspitzen nach hinten zeigen.
Figuren 130 und 131: Wir heben den rechten Fuß mit gebeugtem Knie. Gleichzeitig öffnen wir die rechte Hand, die nach vorn und nach oben schwingt bis auf Augenhöhe, wobei der gebeugte Ellenbogen über dem rechten Knie liegt. Zugleich senken wir die linke Hand bis neben die Hüfte.

Form XVII: Hinunter drücken und auf dem rechten Bein stehen (Figuren 132 bis 138)
Figuren 132 und 133: Wir setzen den rechten Fuß mit den Zehenspitzen neben den linken Fuß und drehen uns nach links, die Zehen des linken Fußes als Drehpunkt benützend. Gleichzeitig heben wir die linke Hand seitwärts und aufwärts bis in Schulterhöhe und bilden mit den Fingern einen „Adlerschnabel“, während die rechte Hand, der Körperdrehung folgend, einen Bogen bis zur linken Schulter beschreibt.
Figuren 134 und 135: wie 127 und 128, jedoch seitenverkehrt.
Figur 136: wie 129, jedoch seitenverkehrt.
Figuren 137 und 138: wie 130 und 131, jedoch seitenverkehrt.

Form XVIII: Das Weberschiffchen führen (Figuren 139 bis 149)
Figuren 139, 140 und 141: Wir stellen den linken Fuß auf den Boden und ziehen den rechten Fuß auf der Spitze an den linken Fuß heran. Gleichzeitig führen wir mit den Händen die Geste des Ballhaltens aus (mit der linken Hand oben).
Figuren 142, 143 und 144: Wir wenden den Körper nach rechts und machen mit dem rechten Fuß einen Schritt nach vorn. Zugleich führen wir die rechte Hand aufwärts bis vor die rechte Schläfe (Handfläche schräg nach oben), während wir mit der linken Hand in Nasenhöhe nach vorn stoßen (Handfläche nach vorn).
Figuren 145 und 146: Wir verlagern das Körpergewicht etwas zurück und ziehen den linken Fuß mit den Zehen auf dem Boden an den rechten heran. Gleichzeitig führen die Hände vor der Brust die Geste des Ballhaltens aus (mit der rechten Hand oben).
Figuren 147, 148 und 149: wie 142, 143 und 144, jedoch seitenverkehrt.

Form XIX: Nadel auf dem Meeresgrund (Figuren 150 und 151)
Figuren 150 und 151: Wir machen mit dem rechten Fuß einen halben Schritt nach vorn und verlagern das Gewicht nach rechts. Während wir den linken Fuß ein wenig nach vorn bewegen und auf den Zehenspitzen absetzen, heben wir die rechte Hand bis an die Seite des Ohrs und schlagen sie schließlich schräg nach unten (bis Kniehöhe). Die linke Hand beschreibt inzwischen einen Bogen nach vorn und nach unten bis zur linken Hüfte.

Form XX: Die Arme als Fächer (Figuren 152 bis 154)
Figuren 152, 153 und 154: Während wir mit dem linken Fuß einen Schritt nach vorn machen, erheben wir die Hände. Die rechte Hand steigt über den Kopf hinaus, die linke steigt bis in Nasenhöhe.

155 156 157

163 164 165 166 167 168

Form XXI: Wenden, abwehren und mit der Faust stoßen (Figuren 155 bis 161)

Figuren 155 und 156: Wir „setzen“ uns zurück und verlagern das Gewicht auf das rechte Bein. Wir drehen den Körper nach rechts. Dann verlagern wir das Körpergewicht zurück auf das linke Bein. Während wir den Körper auf der linken Ferse nach rechts drehen, beschreibt die rechte Hand einen Bogen zuerst nach rechts und dann nach unten bis vor die linken Rippen; die Finger der rechten Hand schließen sich zur Faust. Die linke Hand führen wir kreisend bis an die linke Stirnseite.

Figuren 157 und 158: Mit dem zurückgezogenen rechten Fuß machen wir einen Schritt nach vorn. Zugleich stoßen wir mit der rechten Faust nach vorn. Die linke Hand senkt sich dabei neben die Hüfte.

Figuren 159 und 160: Während wir mit dem linken Fuß vorwärts schreiten, ziehen wir die rechte Hand (Faust) an die Taille zurück und machen mit der linken Hand eine abwehrende Bewegung nach vorn.

Figur 161: Erneut stoßen wir mit der Faust der rechten Hand nach vorn, das Gewicht auf den linken Fuß verlagernd. Die linke Hand ziehen wir an die Seite des rechten Vorderarms zurück.

(158) (159) (160) (161) (162)

(169) (170) (171) (172) (173) (174)

Form XXII: Dicht verschließen (Figuren 162 bis 167)
Figuren 162, 163 und 164: Wir öffnen die Faust der rechten Hand, die linke Hand gleitet am rechten Unterarm vor. Nachdem wir die Hände schulterbreit getrennt haben, ziehen wir sie zurück, uns „zurücksetzend“ und das Gewicht voll nach rechts verlagernd. Dabei hebt sich die Spitze des linken Fußes.
Figuren 165, 166 und 167: Wir stoßen die Handflächen vorwärts und aufwärts und verlagern dabei das Gewicht nach links.

Form XXIII: Arme kreuzen (Figuren 168 bis 171)
Figuren 168 und 169: Wir verlagern das Gewicht nach rechts, indem wir uns „zurücksetzen“ und das rechte Knie beugen. Wir drehen den Körper nach rechts. Beide Hände bewegen sich – im Einklang mit der Körperdrehung – im Bogen seitwärts, bis sie in Schulterhöhe ausgebreitet sind.
Figuren 170 und 171: Wir verlagern das Gewicht nach links, den rechten Fuß ziehen wir an den linken heran. Währenddessen bewegen sich die Hände im Halbkreis nach unten und kreuzen sich vor dem Bauch. Die gekreuzten Hände erheben wir auf Schulterhöhe.

Form XXIV: Schluß (Figuren 172 bis 174)
Figuren 172, 173 und 174: Wir drehen die Handflächen nach außen. Wir senken die Hände bis auf Hüfthöhe und lassen sie natürlich fallen.

Vor 800 Jahren lebte auf dem Wudang-Berg ein chinesischer Einsiedler und Mönch, Meister Zhang Sanfeng: der Vater des Taiji. Er hatte sich auf der Suche nach dem Geheimnis der Gesundheit und Langlebigkeit die tausende Jahre alten Atempraktiken, Meditationstechniken, Heilgymnastikübungen und Kampfkünste des „Reichs der Mitte“ angeeignet, ebenso die rhythmischen Bewegungen der Tiere und Pflanzen. Auf jener Grundlage entwickelte er mit Taiji eine natürliche Bewegungskunst.
Im Lauf der Jahrhunderte wurde Taiji von großen Meistern abgewandelt und vervollkommnet. Es entstanden zahlreiche Schulen, Stile und Systeme. Das in unserem Ratgeber erschlossene Programm ist die sogenannte Pekingform, ein 1955 in der Volksrepublik China von Meistern geschaffene Kurzform des Taiji, die auf dem Yang-Stil, der verbreitetsten Schule, basiert. Die einfache Pekingform kann jeder erlernen – von Kindergartenkindern bis zu Hundertjährigen –, während die komplizierten Stile jahrelanges Training erfordern.
Taiji erfrischt, stärkt, belebt. Es verbessert die Kondition. Regelmäßig geübt, bewirkt das chinesische Schattenboxen neben einer tiefen natürlichen Atmung einen guten Blutumlauf, einen gesunden Schlaf, bewegliche Gelenke, kräftige Bänder, ein stabiles Nervensystem, eine geregelte Verdauung – und ein robustes Selbstvertrauen. Es macht – alles in allem – widerstandsfähiger gegen Erkrankungen und Funktionsstörungen. Das ist der medizinische Nutzen des Schattenboxens, der inzwischen durch moderne naturwissenschaftliche Tests, Experimente und Untersuchungen eindeutig nachgewiesen wurde.
Darüber hinaus ist Taiji „Meditation in Bewegung“, die die Vitalkraft aktiviert, die Konzentration fördert, die Selbstbeherrschung schult und Geist, Seele und Körper harmonisiert.